논·술·세·계·대·표·문·학

22

삼국지

나관중 | 김현경 엮음

H 훈민출판사

당시의 생활상을 알려 주는
채색 진흙 토기

The Best World Literature

동검 – 춘추전국시대에 쓰던 칼로,
양쪽에 날이 있고 가운데에 칼등
이 있으며 자루가 짧다.

〈삼국지〉의 삽화 – 유비, 관우, 장비의 모습

중국의 만리장성

목유유마 – 제갈량이 촉나라의 부족한 인력과 노동력을 극복하기 위해 만들어낸 운송 차량이다.

구리거울 – 서기 25년~ 220년 사이에 쓰였다.

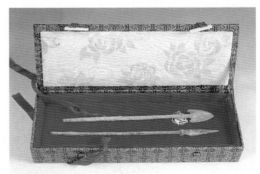
화살촉 – 한나라 시대에 쓰인 것으로, 구리나 철로 만들어졌다.

도원 결의 – 유비, 관우, 장비가
의형제를 맺는 모습이다.

The Best World Literature

〈삼국지〉의 삽화 – 제갈량

적벽 유적지

구인환(丘仁煥)

서울대학교 사범대학 졸업. 동 대학원 졸업(문학박사)
서울대학교 명예교수, 소설가(현). 서울대학교 사범대학 국어교육연구소 소장(현)
문학과문학교육연구소 소장(현). 국제펜 한국본부 부회장(현)
한국소설문학상(1987). 예술문화대상(1994). 한국문학상(2000)
작품 〈숨쉬는 영정〉, 〈살아 있는 날들〉, 〈일어서는 산〉 외 다수

- **저서** 《한국단편소설의 이해》, 《한국현대소설의 비평적 성찰》,
  《고교생이 알아야 할 소설》, 《고교생이 알아야 할 세계단편소설》 외 다수

윤병로(尹柄魯)

성균관대학교 국어국문학과 졸업. 동 대학원 졸업(문학박사)
성균관대학교 교수, 문학평론가(현). 한국현대소설학회장(현)
한국문예학술저작권협회 이사(현). 한국간행물윤리위원회 위원(현)
한국펜 문학상(1987). 한국문학상(1988). 대한민국문학상(1989)
수필집 《나의 작은 애인들》 외 다수

- **저서** 《현대 작가론》, 《한국 현대 소설의 탐구》,
  《한국 근대 작가 작품 연구》, 《한국 현대 작가의 문제작 평설》 외 다수

홍성암(洪性岩)

고려대학교 국어국문학과 졸업. 한양대학교 대학원 국어국문학과 졸업(문학박사)
동덕여자대학교 교수, 소설가(현). 한국문인협회 회원(현)
한국소설가협회 이사(현). 국제펜 한국본부 소설분과 이사(현). 한민족 문화학회 회장(현)
창작집 《큰 물로 가는 큰 고기》, 《어떤 귀향》 외
대하역사소설 《남한산성》 (전9권) 외 다수

- **저서** 《문학의 이해》, 《현대 작가론》, 《한국 근대 역사소설 연구》 외 다수

기
획
·
감
수

여포를 유혹하는 초선 – 여포가 그윽한 눈빛으로 초
선을 바라보고 있다.

논술 *세계대표문학*을 펴내며

　21세기의 사회는 '**전자 문명 시대**'라 일컬어질 만큼 오늘날 전자 산업은 우리 생활의 거의 모든 분야에 다양하게 응용되고 있습니다. 출판 분야 또한 예외는 아니어서, 종래의 서책(Book) 대신에 이른바 '전자책(CD-ROM)'의 출간이 최근 들어 날로 증가하고 있습니다.

　그러나 이러한 전자책은 영상 또는 모니터상으로 흥미 위주나 백과사전식 지식을 습득하는 데는 효과적일지 모르지만, 문학 공부를 위해서는 별로 도움이 되지 않습니다. 바꾸어 말하면, 문학 공부는 각 지면마다 살아 숨쉬는 표현 하나하나를 독자 자신의 머리로 음미하면서 작품을 읽어 나가는 가운데, 풍부한 상상력의 배양과 함께 작가의 의도와 그 작품의 내면을 깊이 있게 이해함으로써 이루어지는 것입니다.

　이에 훈민출판사에서는, 자라나는 학생들이 범람하는 영상 매체에 길들여지기 전에, 어려서부터 유명한 세계문학 작품들을 책자를 통하여 감명 깊게 읽고 감상함으로써, 올바른 문학 공부의 기틀을 다지고, 아울러 전인 교육도 할 수 있도록 《논술 세계대표문학(전60권)》을 펴내게 되었습니다.

　작품 선정은, 초·중·고등학교 국어 교과서와 역사 교과서에 실리거나 소개된 문학 작품을 중심으로 하되, 그리스 신화와 성경 이야기 등의 고전에서부터 중세·근대·현대에 이르기까지 세르반테스·셰익스피어·톨스토이 등 세계 유명 작가들의 장·단편 소설들을 엄선·수록하였습니다. 또 세계의 명시도 별권으로 엮었으며, 특히 각 단락마다 '**논술 문제**'를 제시하여, 장차 대학입시를 비롯한 각종 '논술 고사'에 예비 지식을 쌓을 수 있도록 배려하였습니다. 아무쪼록, 이 《논술 세계대표문학(전60권)》이 자라나는 학생들에게 문학 공부의 주춧돌이 되고, 나아가 미래를 살아가는 데 **정신적 자양분**이 되기를 진심으로 바라 마지않습니다.

훈민출판사

차례

삼국지/ 12

작품 알아보기/ 189

논술 길잡이/ 191

삼 국 지

나 관 중

지은이

1330?~1400? 중국 원나라 말기, 명나라 초기의 작가. 이름은 본이며 호는 호해산인이고 관중은 자이다. 시내암의 제자였다고도 하며 원 말기 반란군의 우두머리 중 하나인 장사성 밑에서 일했다고도 하지만 자세한 행적은 알려져 있지 않다.
나관중은 민간 전설과 화본을 바탕으로 하여 장편 소설 〈삼국지연의〉를 창작했으며, 〈수당지전〉, 〈삼수평요전〉, 〈잔당오대사연의〉 등을 지었다. 〈수호전〉을 창작 혹은 편찬했다는 설도 있다.

삼 국 지

의형제를 맺다

지금으로부터 1700여 년 전, 때는 중국 후한의 황제 건녕이 통치할 무렵이다.

유주 탁군 누상촌 동구 앞에 많은 사람들이 모여 웅성거리고 있었다.

"황건적이 몰려온대!"

"큰일이야. 오랑캐가 쳐들어온다!"

유주 지역 태수가 붙인 방을 보며 사람들은 어찌할 바를 몰랐다. 방에는 다음과 같이 씌어 있었다.

> 태평교의 수령 장각이 스스로 자신이 왕이라 칭하며 그 아우와 함께 황제에게 저항하며 무리 5,60만 명을 모아 지나는 곳마다 불을 지르고, 백성의 재물을 약탈하고, 이제는 이 근방까지 쳐들어왔다. 뜻있는 자들은 나와 힘을 모아 오랑캐를 무찌를지어다.

장각의 무리들은 머리에 노란 수건을 두르고 있었기 때문에 '황건적'이라 불렸다.

이 누상촌에 이름은 유비, 자는 현덕인 청년이 있었다. 얼굴이 잘생긴 데다가 키는 7척이 넘는, 풍체가 수려한 젊은이였다.

태수가 붙인 방을 본 유비는 그 자리를 떠나지 못하고 생각에 잠겼다.

"황건적 따위의 오랑캐 하나 무찌르지 못하다니……. 한나라 황실의 힘이 많이 약해졌구나. 나에게 힘이 없는 게 한이로다."

유비는 탄식하며 긴 한숨을 내쉬었다. 유비가 뒤돌아서 집으로 향하려 할 때 갑자기 우렁찬 목소리가 들렸다.

"이보시오, 젊은이! 보아하니 예사 인물이 아닌 듯한데, 나라가 이렇게 어지러운 때 큰일을 하려 하지 않고 탄식하는 건 무슨 이유인가?"

유비가 바라보니 키가 8척 장신인데다 호랑이 같은 얼굴에 텁수룩한 수염을 기른 사나이 한 명이 서 있었다.

유비는 그 사나이와 인사를 나누었다.

"제 이름은 장비, 자는 익덕입니다. 대대로 탁군에서 살았고, 지금은 돼지 잡는 일을 하지요. 성함이 어떻게 되십니까?"

"아, 제 이름은 유비, 자는 현덕이라고 합니다."

유비는 두 손을 모아쥐고 공손히 인사했다.

그 때 유비는 돗자리를 만들어 팔아 늙으신 어머니를 모시며 단둘이 살고 있었다. 그러나 조상은 한나라의 황족으로 유승을 선조로 가진 훌륭한 집안의 후손이었다. 유비의 인사를 받은 장비도 두 손을 공손히 하고 예를 갖추었다.

"시간이 되신다면 잠깐 이야기나 나누고 갑시다."

유비는 장비와 함께 근처 주막으로 들어갔다.

술상을 가운데 두고 방 안에 마주 앉은 두 사람은 나라의 운명을 걱정하기 시작했다.

"지금 한나라 황실은 아첨하는 신하들 때문에 그 위신이 땅에 떨어져 있습니다. 황건적 같은 오랑캐 무리마저도 쳐 없애지 못하는 상황이

지요.”

“그러게 말입니다.”

유비는 다시 말을 이었다.

“저는 나라를 위해 오랑캐에 맞서 싸우고 싶지만, 군사를 모을 만한 힘이 없습니다. 그래서 태수가 붙인 방을 보자 저절로 한숨을 내쉬게 된 것이지요.”

유비의 근심을 듣고 난 장비도 턱수염을 쓰다듬으며 말했다.

“이 몸도 같은 생각이오. 그러나 우리 두 사람이 함께 뜻을 모은다면 못 이룰 일도 없다고 봅니다. 또, 우리 외에도 나라의 앞날을 걱정하는 사람이 분명히 있을 겁니다.”

유비와 장비는 서로 술잔을 기울였다.

유비의 집 앞에는 하늘을 찌를 듯이 높게 자란 몇백 년 묵은 뽕나무가 한 그루 서 있었다. 하늘의 구름을 머리에 이고 서 있는 듯한 모습은, 보는 이로 하여금 경외감을 불러일으킬 정도로 우람해 보였다. ‘누상촌’ 이라는 이 고장의 이름도 이 뽕나무에서 유래된 것이다.

옛날에 이 곳을 지나던 한 학자가 나무를 바라보며,

“이 집에서 반드시 훌륭한 사람이 나리라.”

하는 예언을 남긴 일이 있었다.

이 뽕나무 그늘 아래, 길을 가던 한 젊은이가 주막에서 술과 안주를 날라 혼자 술잔을 기울이고 있었다. 유비와 장비가 바라보니 9척이나 되는 큰 키에 얼굴에는 긴 수염을 기르고 있었다. 불그스름한 얼굴은 위풍당당한 호걸의 모습이었다.

“보통 사람이 아닌 듯하군요. 이름 있는 영웅 호걸임이 분명합니다.”

유비와 장비는 그를 불러 이름을 물었다.

“이름은 관우, 자는 운장으로, 하동 해량에서 태어났습니다. 좋은 주인을 만나기 위해 이곳 저곳을 떠돌아다닌 지도 어느덧 5,6년이 흘렀군요. 이 지방 태수가 황건적을 토벌하기 위해 사람을 구한다기에 이렇게 먼 길을 찾아왔소."

유비와 장비, 관우 세 사람은 한나라 황실의 힘이 약해진 것을 염려하였다. 그리고 이야기를 나누는 동안 백성들을 위하는 지극한 마음이 서로 다르지 않다는 것을 알게 되었다. 이 때, 장비가 갑자기 손뼉을 치며 말했다.

"우리 집 뒤뜰에 복숭아꽃이 흐드러지게 피었습니다. 나라를 구하고자 하는 우리의 뜻이 같으니, 그 곳에서 우리 세 사람이 의형제를 맺는 것이 어떨까요? 우리 세 사람이 생사를 함께 하기로 신께 결의하는 것입니다."

유비와 관우는 이 말을 듣고 이구동성으로 대답했다.

"그거 좋은 생각이오."

"대찬성이오!"

이튿날이 되자 유비와 관우, 그리고 장비 세 사람은 장비의 집 뒤뜰에 있는 복숭아나무 밑에 모였다. 그리고 제단을 높이 쌓고 신께 드릴 제물을 올렸다.

세 사람은 제단 앞에 무릎을 꿇고 엎드려 신께 자신들의 뜻을 고했다.

"유비, 관우, 그리고 장비 세 사람은 성은 다르지만 형제가 되기로 맹세를 하고, 뜻과 마음을 모아 위로는 황제를 위해 충성을 다하고, 아래로는 백성들이 편안하게 살 수 있는 세상을 만들고자 합니다. 우리는 같은 해 같은 달 같은 날에 죽기로 맹세하니, 하늘은 이 거룩한 뜻을 살펴 주시옵소서. 만일 도리에 어긋나는 일을 하거나 의리를 저버리는 날에는 저희들에게 엄한 벌을 내려 주소서."

맹세가 끝나자, 나이 순서로 유비가 맏형, 관우가 그 다음, 그리고 장비가 막내로 결정되었다.

의기 투합한 세 사람은 그 다음 날부터 의병을 모으기 시작했다. 의형제를 맺은 세 사람은 다른 곳에서는 쉽게 찾아볼 수 없는 대호걸들이었다.

맏형인 유비는 쌍칼잡이로 적이 가까이 다가오면, 양손에 쥔 칼을 휘둘러 적을 무찔렀다. 또한 작전을 세우는 작전 참모이기도 했다. 관우는 45킬로그램이나 나가는 청룡도를 어깨에 두른 장사였고, 막내인 장비는 6미터나 되는 긴 창을 다루었다.

이 세 사람이 의형제를 맺었다는 소문은 곧 방방곡곡에 알려져 금세 300여 명이나 되는 젊은이들이 모여들었다. 그러나 황건적은 개미 떼처럼 무리짓고 있는데, 이쪽의 군사는 겨우 300명에 불과했다. 게다가 군사를 태우고 달릴 수 있는 말도 한 필 없었다.

매일처럼 훈련을 거듭하던 어느 날, 수십 필의 말을 이끌고 이웃 마을에 사는 장사꾼이 누상촌을 지나가고 있었다. 이 소식을 들은 유비는 장사꾼을 자기 집으로 불러들여 어려운 처지를 호소했다.

"저희가 나라를 살리고자 뜻을 모아 의병을 일으키려고 합니다. 하지만, 지금 저희들에게는 변변한 말 한 필조차 없습니다."

"뜻하시는 일에 감복했습니다. 나라와 백성을 위하는 일이니 기꺼이 제 말들을 드리겠습니다."

장사꾼은 50마리의 말을 세 사람에게 주었다. 뿐만 아니라 군자금으로 쓸 수 있는 금 500냥과 무기를 만들 수 있는 철 1천 근도 내놓았다.

세 사람은 뛸 듯이 기뻤다. 하지만, 군자금에도 한도가 있었다. 300명의 군사에게 하루 세 끼를 주고, 무기를 공급하기에는 턱없이 부족했던 것이다. 결국 군사들에게는 대나무로 만든 창을 만들어 공급하게 되었다.

날마다 새로운 사람들이 모여들어 어느덧 군사는 500여 명이 되었다. 이 500여 명을 이끌고 유비와 관우, 장비는 황건적의 대장 정원지가 이끌고 있는 군사 5만 명을 무찌르고자 길을 떠났다.

첫 싸움터는 황하 강가의 대평원이었다. 황건적은 대흥산 기슭에 진을 치고 있었다. 게다가 병력은 유비와 관우, 장비가 이끄는 군사보다 100배나 많았다.

말에 올라탄 순간, 관우는 기다란 창을 휘두르며 용기를 뽐내었다. 유비는 말에 올라탄 채 아무 말도 하지 않았다. 벌써 싸움에서 이길 작전을 세우고 있었던 것이다.

세 사람의 모습은 제각각이었지만, 마음만은 한결같았다.

황건적의 대패

유비는 오른쪽에 관우를, 왼쪽에 장비를 세우고 적진을 향해 뛰어들어갔다. 세 사람의 호걸이 들이닥치자 황건적은 조금 놀라는 기색이었다.

하지만 황건적이 누구인가? 한나라 황제의 군사들을 파죽지세로 싸워이긴 적군들이다. 그들은 날마다 계속 이겨 왔기 때문에 기세가 당당했다. 게다가 세 호걸이 이끄는 군사는 겨우 500명밖에 되지 않았던 것이다.

"제까짓 놈들이 덤벼 봤자지."

황건적들은 500명의 군사를 이끌고 온 세 호걸들을 보며 콧방귀를 뀌었다.

적진이 바라다보이는 곳에 이르자 유비는 크게 호통을 쳤다.

"이 오랑캐의 무리들아! 빨리 나와 항복하지 못하겠느냐?"

말을 타고 선두에 선 관우는 무게가 45킬로그램이나 되는 큰 칼을 마구 휘둘러 적을 무찔렀다. 장비도 3미터나 되는 창을 마치 나무작대기를 다루듯이 휘둘렀다. 이것을 본 황건적들은 혼비백산하여 흩어졌다.

"이놈들, 내 칼을 받아라!"

장비를 본 황건적의 부대장 등무가 말을 몰아 달려왔다. 그러자 장비는 마치 기다리고 있기라도 한 듯이 옆으로 몸을 비키며, 3미터 가량이나 되는 긴 창을 허공에 들어 내리쳤다.

"악!"

장비의 창을 받은 등무는 외마디 비명을 지르며 곤두박질하듯 말에서 떨어졌다.

"어디를 가느냐? 거기 섰거라!"

이 광경을 본 적장 정원지는 노기를 띠며 호통쳤다. 그리고 돌아서는 장비를 향해 칼을 겨누며 달려들었다. 이것을 본 관우가 먼저 정원지를 향해 나는 듯이 뛰어갔다.

"정원지야, 빨리 오너라!"

무게가 45킬로그램이나 나가는 관우의 칼이 공중에서 눈이 부시도록 빛났다. 관우가 칼을 한 번 휘두르자 적장 정원지는 두 동강이 되어 말 아래로 떨어졌다. 순식간에 대장과 부대장을 모두 잃은 황건적 무리들은 우왕좌왕 날뛰며 어찌할 바를 몰랐다. 그리고 그 자리에 엎드려 목숨만은 살려 달라고 울부짖었다.

유비, 관우, 장비는 첫 싸움에서 대승리를 거두고 5만 명의 황건적으로부터 항복을 받아 냈다. 세 호걸은 군사들을 이끌고 다시 청주로 향했다.

하북, 하남, 안휘의 들판에서 싸운 지 어느덧 10여 개월이 지났다. 그

동안 황건적의 두목 장각이 병으로 죽고, 두 명의 아우도 토벌군에 잡혀 죽은 몸이 되었다. 한나라 황실을 위태롭게 하고, 백성들을 불안케 했던 도적의 무리들은 곧 안개처럼 사라져 버렸다.

싸움에서의 승리에 힘입어 유비에게는 중산부 안희현 위라는 작은 벼슬이 내려졌다. 이 소식을 들은 장비가 불만을 터뜨렸다.

"유비 형님, 이건 너무 불공평한 일이에요. 백성들을 이끌고 싸울 생각은 하지 않고 달아나기만 했던 녀석들한테는 장군과 태수라는 큰 벼슬을 주고, 이번 싸움에서 제일 공로가 큰 형님한테는 겨우 위 벼슬을 준다는 게 말이나 됩니까? 이건 분명히 몇몇 못된 신하들이 돈을 주고 벼슬을 샀기 때문일 거예요. 아니면 힘 있는 사람 덕에 벼슬을 얻어서일 겁니다. 그러니 유비 형님, 아예 받지 마세요."

화가 난 장비는 주먹을 불끈 쥐었다.

그러나 유비가 장비의 어깨에 손을 얹으며 말했다.

"아무리 불공평한 처사라도 황제께서 내려 주시는 상이야. 그러니 받지 않을 수 없지."

얼마 후 유비와 관우, 장비는 안희현으로 떠났다. 세 사람은 길을 갈 때도 나란히 갔고, 잠을 잘 때도 한자리에서 함께 잤다.

세 사람이 안희현을 다스리기 시작한 뒤부터 이 지역에는 도둑과 강도의 그림자가 얼씬도 하지 않게 되었을 만큼 백성들의 생활이 안정되었다. 두려워할 것이 없었기 때문에 백성들은 밤에도 문을 열어 놓고 잠을 잘 정도였다.

그런데 조정에서는 황건적을 토벌한 영웅들에게 주어진 포상이 불공평하다는 불만이 여기저기서 터져 나왔다. 황실에서는 여러 신하들의 불만을 해결하기 위해 곳곳에 관원을 보내 조사하도록 하였다.

유비가 다스리는 안희현에는 성격이 괴팍하기로 유명한 독우라는 관원이 내려왔다. 세 호걸은 먼 곳까지 나가 독우를 맞이했다.

"먼 길을 오시느라 수고하셨습니다. 저는 이 곳을 다스리는 유비라고 합니다. 옆에 두 사람은 저와 의형제를 맺은 두 아우 관우와 장비입니다."

그러나 세 사람의 성의에도 아랑곳하지 않고, 독우는 연신 입맛을 다시며 못마땅한 표정을 지었다.

"아, 그런가? 자네들이 황건적을 무찌르는 데 큰 공을 세운 호걸들이군."

독우는 좌우를 바라보며 무엇인가를 바라는 눈치였다. 유비는 독우가 뇌물을 바란다는 것을 알았지만, 독우를 관청으로 안내하고는 조용히 물러났다.

"아직 준비가 덜 된 모양이야. 조금만 더 기다리면 조그만 선물이라도 하나 들고 다시 들어오겠지."

혼자 남게 된 독우는 이제나저제나 유비가 다시 들어오기만을 기다렸다. 그러나 아무리 기다려도 다시 들어올 기미가 없자, 드디어 화가 머리끝까지 치밀었다.

"고얀놈들! 나를 위해 무언가 준비했을 거라고 생각했는데, 아무것도 없다니. 어디 두고 보자. 내 가만 있지 않을 테다!"

독우는 곧 유비를 벼슬자리에서 쫓아낼 결심을 하고 관원들을 모았다. 그리고 백성들이 황제에게 보내는 것처럼 편지를 꾸몄다.

집에 돌아온 장비는 독우가 빼기던 모습을 생각하자 잠이 오지 않았다. 그래서 다시 관청으로 나와 주위를 거닐었다. 그 때 어디선가 웅성거리는 소리가 들렸다. 장비가 나가 보니 관청 앞에 5,60명의 백성들이 모여 눈물을 흘리며 어찌할 바를 모르고 있었다.

"밤도 깊었는데, 이게 웬 소란들이냐?"

"큰일났습니다. 독우 나리가 유비 장군님에게 억울한 누명을 씌워 쫓아내려 합니다. 저희들이 그것을 막으려고 이렇게 관청까지 몰려 나왔지요. 그런데 문 안으로는 한 발짝도 들여놓을 수 없게 하니, 저희가 어찌할 바를 모르겠습니다."

이 말을 들은 장비는 곧바로 말 위에서 뛰어내려 관청 안으로 들어갔다. 관청 건물 정면의 높은 의자에 앉은 독우는 무엇인가를 빨리 쓰라고 사람들에게 독촉하고 있었다. 이것을 본 장비는 한달음에 달려가 독우의 멱살을 움켜잡고 흔들며 소리질렀다.

"이런 역적 같은 놈! 우리는 이 곳 백성들에게 조금도 폐를 끼친 적이 없다. 그런데 네놈이 거짓말로 우리를 내쫓을 계획을 세우다니. 너같이 나쁜놈은 많은 사람들에게 본보기를 보여야 한다."

장비는 말을 채 끝내기도 전에 고양이 새끼를 집듯 독우의 머리채를 쥐고 질질 끌고가 버드나무에 단단히 묶었다. 그러고 나서 큰 소리로,

"우리가 너에게 바치는 뇌물은 좀 아플 것이다!"

하고 외치고는 곁에 있는 버드나무 가지를 꺾어 다짜고짜 후려치기 시작했다.

이 소동을 알게 된 유비가 어느 새 달려나와 장비의 팔을 붙들며 말했다.

"장비, 이게 무슨 짓이냐?"

"형님, 말리지 마세요. 이런 녀석은 단단히 혼쭐이 좀 나야 해요."

이 때 관우도 달려나와 장비를 말려서 독우는 겨우 목숨을 건질 수 있었다. 나무에 매인 채 독우는 고래고래 소리를 쳤다.

"황제께서 보내신 관리인 나를 이렇게 대접하다니. 너희 녀석들은 파면이다! 파면이야!"

관우가 유비에게 말했다.

"형님같이 큰 공을 세우신 분이 한낱 독우 같은 하급 관리에게 머리를 조아릴 필요가 뭐 있어요. 차라리 고향으로 돌아가 앞날을 계획하는 게 더 옳은 일이지요."

관우의 말을 들은 유비는 관인의 꼭지에 단 끈을 풀어 독우의 목에 걸어 주며 말했다.

"우린 지위와 관직에 그리 미련이 없다. 우리를 파면시키기 전에 우리가 먼저 이 곳을 떠날 것이다."

유비 삼 형제는 독우를 나무에 묶어 둔 채 짐을 챙겨 고향으로 돌아갔다. 세 호걸은 크게 소리 내어 웃으며 말을 타고 고향인 탁군으로 향했다.

동탁의 무리들

한나라의 서울은 낙양이었다. 12대째 황제인 영제가 중평 6년 4월에 죽자 곧이어 태자 변이 즉위하였다.

그 당시 황실에는 황제를 보좌하는 환관이라는 벼슬아치들이 3천 명이나 있었다. 그러나 황제가 나라를 잘 다스릴 수 있도록 도와주어야 할 이들이 오히려 뇌물을 일삼고, 세력 다툼을 벌여 황실을 어지럽게 하곤 했다.

이 틈을 타 궁중에 새로운 실력자가 등장했다. 그의 이름은 동탁이었다. 동탁은 황건적과 싸울 때에는 언제나 달아나기에 바빴다. 그는 황제의 신하들 중에서도 가장 음험하고 거만하고 방자한 사람이었다. 동탁은 새로 왕위에 오른 황제를 독살하고, 겨우 아홉 살밖에 되지 않은 나이 어린 협을 황제의 자리에 앉게 했다. 이 황제가 헌제이다.

스스로 태위상국이라는 높은 벼슬에 오른 동탁은 어린 황제를 대신해 조정을 마음대로 휘둘렀다. 그리고 난폭한 일도 서슴지 않았다.

"동탁을 없애라!"

동탁에 대한 백성들의 원성은 나날이 높아만 갔다.

이 때 동탁을 벌하는 데 앞장선 자가 있었으니, 이름은 조조라 하고, 자는 맹덕이라 하는 인물이었다. 하남 출신인 조조는 명문가의 자제였다. 7척이나 되는 큰 키에, 피부가 밝고, 얼굴에는 긴 수염을 기르고 있었다. 보는 사람은 누구나 첫눈에 반할 정도의 미소년에다, 머리도 뛰어난 수재였다.

성격이 대담하며 간사한 꾀가 많은데다 병법에 능통했던 조조는 북도위라는 벼슬을 하던 시절, 법을 엄수하여 이것을 어기는 자는 높은 벼슬아치라도 가차없이 처벌하였다. 또, 황건적을 토벌하기 위한 의용군에 참가하여 이름을 드높였다.

이 즈음에 동탁이 군사를 이끌고 낙양군을 쳐들어와 자기 세상을 만난 듯 함부로 날뛰는 것을 보고, 조조는 동탁을 해치우기로 마음먹었다. 그러나 그 계획은 결국 실패로 돌아가 버리고, 조조는 고향으로 멀리 달아났다.

그러나 조조는 가만 있지 않았다. 동탁을 처단하자는 내용의 편지를 여러 나라에 보내고, 자신도 군사들을 모았다. 조조의 편지를 본 제후들은 조조의 제의에 뜻을 같이하기로 하고, 2만, 3만의 군사들을 이끌고 조조가 있는 곳으로 모여들었다.

황실 문제가 도화선이 되어 중국 전체에 다시 전쟁이 시작되었다. 조조가 이끄는 대군은 수백 리까지 뻗어 들과 산을 구름처럼 휩쓸고 몰아갔다. 휘날리는 깃발과 창, 햇빛에 번쩍이는 칼은 눈이 부실 정도였고, 군사들이 울려 대는 북소리는 산천을 뒤흔들었다.

황하의 남쪽인 범수관에 도착한 군사들은 동탁의 군대와 마주쳤다.

동탁은 먼저 화웅 장군에게 나가 싸울 것을 명령했다. 화웅 장군의 군사들이 말을 몰아 적진으로 쳐들어오자, 연합군 부대의 장군인 손견은 부하들을 모두 잃고 겨우 도망쳐 나왔다.

제일 군대는 모두 떼죽음을 당하고 말았다. 그러나 얼마 싸워 보지도 못하고 제이 군대도 화웅의 군사들에게 돌파되었다.

제후들은 곧 회의를 열었다. 하지만 누구 하나 앞장서서 싸우려 하지 않고 눈치만 살피고 있었다. 이것을 본 장군 원소가 입을 열어 탄식하며 말했다.

"천하의 제후들이 모였는데 화웅 하나 처치할 수 있는 제후가 없단 말입니까? 우리가 여기서 이렇게 주저앉아 버린다면, 후세 사람들의 비웃음거리가 될 것입니다!"

물을 끼얹은 듯 고요한 정적만이 방 안을 감돌았다. 이 때 뒷줄 끝자리에서 쩌렁쩌렁 울리는 소리로 나서는 장수가 있었다.

"내가 한번 나서서 싸워 보겠소. 반드시 화웅의 머리를 베어 오리다!"

다들 고개를 들어 바라보니 키는 9척이요, 긴 수염을 기른 장수였다. 항아리만큼이나 큰 눈에서는 불이 펄펄 일어나는 것 같고, 길게 가로 붙은 눈썹은 첫눈에 보아도 용맹한 장수라는 걸 알 수 있었다.

"대체, 저 장수는 누구입니까?"

원소가 물으니, 옆에 있던 공손찬이 대답했다.

"유주 탁군에 살고 있는 유비의 아우인 관우입니다. 자는 운장이라 하더이다."

관우의 곁에는 의형제인 유비와 장비도 앉아 있었다. 이들을 본 조조는 관우의 큰 술잔에 따뜻한 술을 넘치도록 부어 주며 말했다.

"적은 가까이 왔다. 이 술을 마시고 기운을 내어 동탁의 적을 쳐부수도록 해라!"

관우는 눈을 부릅떠 조조를 바라보았다. 그리고 받은 술을 단숨에 들이켜고 나서 큰 소리로 말했다.

"내가 선두에서 화웅의 목을 잘라 오겠소! 내 말이 어긋나면 용서 없이 군법에 따라 벌하시오. 말을 대기시켜라!"

관우가 소리높이 외치며 밖으로 뛰어나갔다. 이것을 본 여러 장군들도 사기를 되찾아 조조의 뒤를 따랐다.

곧이어 화웅의 적군이 머물고 있는 적진에서는 징과 북소리가 요란스럽게 들려왔다. 45킬로그램이나 나가는 큰 칼을 휘두르며 관우가 적진에 뛰어든 것이다.

호뢰관에서의 싸움

관우는 용맹한 기세로 말을 달리며 소리쳤다.

"화웅은 어서 나오너라!"

"이 애송이 같은 놈이 여기가 어디라고……."

화웅의 말이 채 끝나기도 전에 관우는 몸을 솟구쳐 한칼에 화웅을 내리쳤다. 화웅의 몸은 두 동강이 되어 말 아래로 굴러떨어졌다.

뛰어난 전략가로 이름을 떨치던 화웅이 적의 손에 목숨을 잃자 동탁은 소스라치게 놀랐다.

"화웅 정도의 용장이 어찌하여 그토록 쉽게 목이 잘렸단 말이냐?"

"조조란 놈이 대단한 호걸을 수하에 둔 것이 틀림없습니다. 하지만 동탁 장군님, 안심하십시오. 제가 있지 않습니까."

여포가 오만하게 가슴을 펴 보이며 앞으로 나섰다.

그 때 동탁은 새로 군사 5만을 모아 충신인 여포에게 맡기고, 자신도 15만 대군을 이끌고 연합군이 머물고 있는 호뢰관으로 달려갔다. 호뢰관에서 조조군과 일대 결전을 벌일 결의를 굳혔던 것이다.

호뢰관은 낙양의 남쪽에 있었다. 높은 산과 절벽의 계곡 사이에 끼여 있어서 십만의 병력만 가지고 지키면, 천하의 황후가 아무리 많은 대군으로 밀어닥쳐도 결코 함락당하는 일이 없는 요새 중의 요새였다.

동탁은 그 호뢰관에 본부를 정하자, 여포를 불러 말했다.

"앞쪽으로 나가 적군을 격퇴하라!"

이 소식을 들은 연합군은 먼저 여덟 개의 진으로 나뉘어 있는 군사를 다시 나누어 유비와 관우, 장비에게 맡겼다.

"올 것이 왔구나!"

적토마에 올라탄 여포는 가까이 다가오는 연합군을 지켜보고 있었다.

여포는 백화를 그린 비단 군복에 고리사슬 갑옷을 포개어 입고 머리에는 자금관을 쓰고, 손에는 커다란 방천극을 들고 있었다. 게다가 키가 10척 가까이 되었고, 몸집은 소처럼 둥글었다. 적토마에 앉아 있는 그의 모습은 너무나 위풍당당해 보였다.

"저 사람이 그 유명한 여포인가?"

"저 여포를 쳐부수어야 돼! 여포를 쳐부수면 동탁 녀석도 부들부들 떨면서 도망칠걸."

연합군의 군사들은 적의 선봉에 서 있는 여포를 보며 한 마디씩 지껄였다. 적과의 거리가 좁혀지자 여포가 큰 소리로 외쳤다.

"돌진하라! 모두 나가 용감히 싸워라!"

여포의 명령이 떨어지기가 무섭게 와! 하는 함성이 일며 전쟁이 시작되었다. 굉장한 호령 소리와 더불어 여포는 방천극을 우로 좌로 획획 내리쳤다. 그럴 때마다 연합군은 썩은 나무등걸처럼 무너져 갔다. 여포는 성난 호랑이처럼 연합군을 차근차근 짓밟아 버렸다.

연합군은 여덟 개의 진 중 마지막 한 진만이 남아 있었다. 이 마지막

진이 무너지면 연합군은 결국 전멸을 당하고 마는 것이다. 조조의 연합군은 북을 치고 활을 쏘며, 끊임없이 공격을 계속했다.

그러나 여포는 더욱더 기세가 올랐다. 하루에 천 리를 달린다는 적토마는 화살 하나 맞지 않고 튀는 듯, 순식간에 이 곳에 번쩍 저 곳에 번쩍 나타나 닥치는 대로 쳐부수고 잽싸게 모래 먼지 속을 뛰어다녔다.

연합군의 장군들은 여포의 모습을 보고는 말머리를 돌려 도망치려 하였다. 이 때 벽력 같은 고함 소리가 주위를 흔들었다.

"애송이 여포야, 어딜 가느냐? 장비는 여기 있도다!"

장비는 텁수룩한 수염을 빳빳이 일으켜 세우고, 큰 창을 휘두르며 여포에게 달려들었다.

"웬 놈이냐?"

여포는 고삐를 당기고 뒤돌아보았다.

뒤를 돌아 바라보니 부릅뜬 두 눈은 마치 불꽃을 내뿜는 듯했고, 그 위풍은 주변을 위압하는 장수 중의 장수였다.

천하무적이라는 여포에 맞서 장비는 사모창을 한 번 휘둘렀다. 그러자 그 날카로운 서슬에 적토마도 놀라 두 다리를 들고 히잉! 하고 울었다.

여포와 장비는 서로 닦은 무술을 뽐내기라도 하듯 한판 승부를 벌였다. 조조의 군사와 여포의 군사들은 입을 벌리고 멍하니 쳐다보고만 있었다.

불꽃튀기는 방천극과 사모창이 머리를 스치며 가슴을 찌를 듯 재빠른 솜씨로 치고 받고 했으나 쉽게 승부가 나지 않았다. 두 무사는 지칠 줄 모르고 싸웠다. 그러나 장비의 늙은 말이 여포의 적토마를 따라가지 못하고 지쳐 비틀거렸다.

"아아, 장비가 위태롭다!"

조조의 군사들은 불안한 안색이 되어 장비의 싸우는 모습을 지켜보았다.

"장비! 내가 왔다!"

큰 소리를 내지르며 청룡도를 치켜들고, 여포를 향해 나아가는 사람은 다름 아닌 관우였다. 그러나 여포는 눈썹 하나 꿈쩍하지 않은 채,

"몇 명이라도 덤벼라!"

하고 호통을 치며 더욱 늠름한 기세로 싸우는 것이었다. 곧이어 조조의 연합군 쪽에서 또 한 명의 무사가 쏜살같이 앞으로 나아갔다. 다름 아닌 세 호걸의 맏형 유비였다. 유비는 쌍고검을 들고 말을 급히 몰아 여포를 향해 돌진했다.

여포는 적토마를 이리저리 돌리며 세 방향에서 들어오는 공격을 막아 냈다. 그러나 세 무사에게 포위되자 귀신 같은 여포도 힘이 달려 헐떡거리며 방천극을 휘둘렀다. 이제 사로잡히지 않으면, 말 아래에 떨어질 목숨이었다. 순간 여포의 몸이 위로 솟구치는가 싶더니 말머리를 돌려 달아나며 외쳤다.

"훗날 다시 싸우자!"

이것을 본 장비가 천하가 흔들리도록 소리를 질렀다.

"비겁한 놈, 어디로 달아나느냐! 멈춰라, 여포!"

유비, 관우, 장비 세 무사가 여포의 뒤를 쫓았지만 적토마는 발이 빨라 당해 낼 수가 없었다.

여포가 도주해 버리자, 조조의 연합군들은 동탁이 있는 호뢰관을 향해 물밀듯 들이닥쳤다. 굳게 믿고 있던 여포마저 패하고 쫓기어 오자, 동탁은 가슴이 서늘해짐을 느꼈다. 그리고 이 싸움에서 이길 수 없다는 것을 알고 서울 낙양에 불을 지르고, 헌제와 함께 장안으로 달아났다.

서주 태수 유비

장안으로 도성을 옮긴 동탁은 더욱 교만해져서 마치 자신이 황제라도 된 것처럼 행동했다. 자기 형제와 친척을 저마다 중요한 자리에 앉히고, 예로부터 제왕을 섬기던 백관들에게는 궁중의 중대사에 참견하지 못하도록 했다.

이 무렵 동탁을 없애려고 오랫동안 기회를 노리고 있던 왕윤이라는 자가 있었다. 왕윤의 아들은 동탁이 장안으로 수도를 옮기는 것을 반대했다가 동탁에게 무참히 살해되고 말았다.

장안으로 온 뒤부터 동탁은 여포보다는 이유라는 신하를 더 가까이 두었다. 천하무적이라고 소문난 여포가 호뢰관 전투에서 도망을 쳐서 결국 전쟁에서 패배한 것이 동탁의 마음에 거슬렸던 것이다.

어느 날, 왕윤은 궁정의 복도에서 여포와 마주치게 되었다. 왕윤은 주위를 살피고 나더니 여포의 귀에 입을 대고 소곤거렸다.

"듣자 하니 동탁 승상께서 적토마를 귀공에게서 빼앗아 이유에게 하사하려 한다는 소문을 들었습니다. 만약 그렇게 된다면 귀공께서는 명마 중의 명마인 적토마를 잃게 되실 터인데, 저렇게 좋은 명마는 다시 찾을래야 찾을 수도 없지요."

"흥! 이보시오, 왕윤. 나는 그런 어리석은 소문 따위는 믿지 않습니다."

여포는 기분이 몹시 상한 듯 얼굴을 붉히고 쿵쿵거리며 궁정을 나가 버렸다. 다음 날 아침이 되자 이유의 하인이 편지를 한 통 들고 여포를 찾아왔다. 여포가 펴 보니 이유가 보낸 편지였다.

동탁 승상께서 적토마를 저에게 하사하셨습니다. 그러니 편지를 들고 온 사람에게 적토마를 넘겨 주십시오.

용맹한 천하무적 여포였지만, 성미가 급하고 지혜가 부족한 단점이 있었다. 여포는 곧바로 동탁이 머물고 있는 처소로 뛰어들어갔다. 동탁을 보자마자 여포는 칼을 휘두르며 동탁의 앞으로 달려갔다.

"천하 역적 동탁아! 천자의 이름으로 너를 친다!"

여포는 고함을 지르며 동탁을 단칼에 내리쳤다. 동탁은 그 자리에서 털썩 쓰러져 버렸다.

여포는 곧장 피묻은 방천극을 들고 적토마를 몰아 어딘가로 향했다. 그리고 잠깐 사이에 이유의 목을 들고 다시 되돌아왔다. 여포는 싸움에는 천하에 용맹을 떨친 인물이었지만, 사리사욕에 눈이 어두워 예전에도 자신이 모시고 있던 주인의 목숨을 빼앗은 일이 있었다. 이러한 여포의 성미를 잘 알고 있는 왕윤이 여포를 꾀어 동탁을 죽이도록 한 것이다.

동탁이 죽었다는 사실을 알게 된 백성들은 거리로 뛰쳐나와 평화가 왔다고 외치며 기뻐했다. 그러나 얼마 지나지 않아 동탁의 부하들이 난을 일으켜 왕윤을 죽이고 여포를 내쫓았다.

다시금 장안은 동탁의 부하 중 한 명인 무업이라는 자의 손아귀로 넘어가고, 천하의 제후들은 서로 세력을 다투었다.

이 가운데서도 머리를 쳐든 것은 조조였다. 조조는 이제 혈기에 날뛰는 청년이 아니었다. 산동 일대를 다스리는 비정후였다. 동탁의 토벌군이 해산된 후 잠시 고향인 패국에 돌아가 있던 조조는 그 사이 지혜로운 사람들과 장수들을 모아 그 세력을 뻗치고 있었다.

산동 지방 일대에는 온통 조조의 세력으로 꽉 차 있었다. 그는 황하를 서쪽으로 돌아 낙양에서 북상하는 원술과 싸워 크게 이기고, 서주를 휘몰아 무려 20여 성을 손아귀에 넣었다. 서주의 태수인 도겸에게는 큰 위험이 아닐 수 없었다.

이 때 유비는 관우, 장비와 함께 북평 태수 공손찬의 휘하에 있었다. 세 의형제는 아직도 백성을 괴롭히는 황건적 잔당을 토벌하고 있을 때 서주가 위급하다는 소문을 듣게 되었다.

"도겸은 덕이 높은 사람인데, 이런 일이 생기다니……. 가엾은 일이야. 이러한 위급한 소식을 듣고도 가만히 있는 것은 의를 저버리는 일이지."

유비는 서주가 위급하다는 소식을 전해 듣고 홀로 고민에 빠졌다. 그러나 조조의 병력은 15만에 가까워 유비의 힘만으로는 어찌할 수 없었다. 유비는 이 문제를 상의하러 공손찬을 찾아갔다.

"도겸이 다스리는 서주가 위험에 빠졌다는 소식을 들었습니다. 평소에도 백성들의 신뢰가 두터운 도겸입니다. 도와줄 수 있는 방법이 없을까요?"

유비의 이야기를 들은 공손찬이 대답했다.

"그대로 내버려 두시오. 할 수 없는 일이오."

"하지만, 조조의 힘이 커지면 다른 곳도 위태로워질 것입니다."

유비는 좀처럼 자신의 고집을 꺾으려 하지 않았다.

"물론 그렇긴 하오. 그럼, 유비 장군에게 이번 일을 맡기겠소. 병력을 이끌고 가 조조의 세력을 물리치시오!"

공손찬으로부터 허락을 받은 유비는 곧 서주로 향했다. 공손찬은 조자룡이라는 젊은 대장에게 2천 명의 군사를 주어 유비의 뒤를 따르게 했다. 이렇게 해서 유비는 자신의 병력 3천 명의 군사와 조자룡의 병력 2천여 명을 합해 모두 5천여 명을 이끌고 서주로 말을 몰았다.

서주에 도착해 보니, 이미 조조의 15만 대군에게 몇 겹으로 포위되어

있었다. 정세를 살피고 난 뒤 유비는 조자룡에게 말했다.

"먼저 관우와 조운 장군은 4천 명의 군사로 싸우시오. 나는 장비와 함께 적진을 뚫고 성 안으로 들어가겠소."

"예, 알겠습니다."

조자룡 장군이 대답하자 이어 관우가 자신 있는 목소리로 말했다.

"저런 애송이 녀석들이라면 충분히 이길 수 있습니다. 저희가 누굽니까? 호걸 중의 호걸인 우리 세 사람이 나섰으니, 싸움은 금세 끝나게 될 겁니다."

유비가 명령을 내리자, 관우와 조자룡은 떠나갈 듯한 고함 소리를 내지르며 조조 군사들의 정면으로 달려들었다. 조조의 군사들이 적이 쳐들어오는 쪽으로 고개를 돌리는 사이, 유비와 장비는 다른 쪽의 적진을 뚫고 들이닥쳤다.

　선봉에 선 장비는 벽력 같은 고함을 내질렀다. 그의 장팔사모가 허공에서 빛을 내며 번뜩이는 곳마다 조조의 군사들은 종잇장처럼 쓰러졌다. 유비도 쌍고검을 휘둘러 몰려드는 적을 닥치는 대로 무찔렀다. 장비와 유비가 맡은 곳은 조조가 이끄는 장수 중에서도 이름난 우금의 진이었다.

　유비와 장비의 모습을 본 우금은 깜짝 놀라 도망을 치려고 말머리를 돌렸다.

　"싸우지 않고 어디를 가느냐?"

　우금을 본 장비가 고함을 치며 뒤쫓으려는 순간, 갑자기 성문이 열렸다. 이것을 본 유비가 장비에게 호령했다.

　"장비! 성 안으로 들어가 적을 막아라!"

　유비와 장비는 군사들을 이끌고 성 안으로 휘몰아 들어갔다. 유비 일행이 성 안으로 들어가는 것을 본 우금 장군은, 깜짝 놀라 조조에게 급히 달려갔다.

유비 일행을 본 성 안의 사람들은 반가움과 기쁨을 이기지 못해 만세를 불렀다. 태수 도겸도 이미 유비의 높은 품성을 익히 들어 알고 있던 터라 예를 갖추어 맞이했다.

도겸은 유비 일행을 위해 잔칫상을 차리고, 유비를 가장 높은 자리에 앉혔다. 술자리가 무르익자 도겸이 입을 열어 말했다.

"유비 공께서 이처럼 우리를 도와주기 위해 오지 않았더라면, 이 곳 백성들은 재난을 피하지 못했을 것이오. 어느덧 내 나이도 예순이 되었고, 늙은 몸에는 병뿐이오. 또, 내게 두 자식이 있으나 보잘것없어 나라를 이끌어 갈 힘이 없소이다. 그러니 유비 공께 한 가지 부탁을 하고 싶소. 귀공께서는 한나라 황실의 후예이고, 문무를 겸하신 분이니 오늘부터 이 지역의 태수를 맡아 주시오."

도겸의 말을 들은 유비는 깜짝 놀라며 말했다.

"그런 큰일을 제게 맡기려 하시다니요. 태수 어른, 다시 생각해 주십시오. 저는 아직 그런 일을 맡을 만한 자질이 부족합니다."

"사양하지 말고 맡아 주시오. 유비 공의 인품이라면 충분하리라 믿습니다."

그러나 유비는 다시 손을 내저으며 말했다.

"하지만 그건 안 됩니다. 태수께서 제 뜻을 헤아려 주시기 바랍니다."

이 광경을 보고 있던 장비는 유비에게 맡으라는 눈짓을 보냈다. 그러나 유비는 이것을 못 본 척했다.

성 밖에는 아직도 조조의 군사들이 진을 치고 있었다. 적은 구름처럼 몰려 있는 대군이었다. 싸워도 이길 것 같지 않았다. 유비는 무엇인가를 깊이 생각하더니 조조와 화친을 하기로 결심했다. 그리고 곧 조조가 있는 곳으로 사신을 보냈다. 그러나 사신을 통해 화친하자는 이야기를 들은 조조는 크게 화를 내며 말했다.

"화친을 하자고? 나 조조가 싸우지 않고 그런 것을 할 것 같으냐? 난 이길 자신이 있다. 가서 유비에게 전해라. 살고 싶으면 어서 항복하라고!"

그러나 그 때, 동탁의 잔당에게 장안을 쫓겨난 뒤 여기저기 떠돌아다니던 여포가 새로이 군사들을 이끌고 조조가 머물고 있는 연주를 공격했다는 소식이 들려왔다.

천하무적 여포가 쳐들어왔다는 말을 들은 조조는, 얼굴이 새파랗게 질려 어찌할 바를 몰랐다.

"여포가? 그 녀석이 이 곳까지 쳐들어오다니!"

연주는 조조 세력의 근거지였다. 이 곳을 빼앗긴다면 조조의 세력은 사라지는 것이나 마찬가지였다. 조조는 어쩔 수 없이 유비와 화친을 하기로 결정했다. 그리고 곧 군사들을 이끌고 돌아갔다.

유비 일행의 활약에 힘입어 서주는 전쟁에서 벗어날 수 있었다. 태수 도겸도 유비 일행의 공덕을 높이 사 크게 주연을 베풀었다. 이 자리에서 도겸은 다시 유비에게 태수의 자리를 물려주려 했지만, 유비는 정중히 거절했다.

"그러시다면 여기에서 멀지 않은 곳에 소패라는 성이 있습니다. 그리 크지 않은 성이지만, 잠시 동안 그 곳에 머물며 이 늙은이를 도와주십시오."

도겸의 진심어린 간청을 유비도 더 이상 뿌리칠 수 없었다.

"공께서 제게 간곡히 부탁하시니, 그 일을 맡아 공을 보좌하도록 하겠습니다."

도겸과 유비는 잔을 높이 들어 싸움의 승리를 위해 다시 한 번 축배를 들었다. 유비는 공손찬에게서 데리고 온 군졸들도 음식을 배부르게 먹을 수 있도록 신경을 썼다.

얼마 지나지 않아 유비와 관우, 장비는 소패성에 새로 머물 곳을 마련했다. 반년이 못 가서 도겸의 병은 날로 심해져만 갔다.

어느 날, 도겸은 소패성에 있는 유비를 불러 오라고 신하에게 명령했다.

"유비 공께서 보다시피 내 병이 이렇듯 위독하니 이번에는 거절하지 마시고, 서주 태수의 자리를 맡아 주시오."

도겸은 세 번째로 유비에게 태수의 자리를 맡아 달라고 간청했다.

"태수님의 뜻이 그러하니 저도 더 이상 사양하기가 송구스럽습니다. 태수님의 뒤를 이어 백성들을 잘 다스리겠습니다."

유비가 수락하자 도겸은 양 옆에 서 있던 미축과 손건 등의 신하들을 머리맡으로 불러 말했다.

"유비 공은 서주 지역을 적의 침입으로부터 막아낸 영웅이시다. 그러니 너희들은 유비 공을 잘 받들어 충성을 다하라."

이렇게 말을 마친 도겸은 곧 숨을 거두고 말았다.

유비는 예주 태수를 겸하여 서주 태수를 맡게 되었다. 드디어 천하 제후의 한 사람이 된 것이다.

대야망가 조조

어수선한 세상이 1년, 또 1년이 지나갔다. 두 해가 지나는 동안 천하의 정세는 말할 수 없이 혼란스러웠다.

서울 장안은 한때 동탁의 잔당에게 점령되어 있었지만, 저희들끼리의 싸움으로 궁전마저 불타고 말았다. 헌제는 남은 신하들을 이끌고 옛 수도인 낙양으로 옮겨왔다. 그러나 낙양은 화려한 궁전과 건물들, 그리고 바삐 오가는 사람들로 활기찼던 예전의 낙양이 아니었다. 그 곳에는 재만 남아 있었다.

궁전 자리에는 쑥이 돋아났고, 넓은 대로에는 토끼가 껑충거리며 돌아다닐 만큼 삭막했다.

헌제는 임시로 지은 거처에 머물게 되었다. 그러나 다른 신하들은 마땅히 지낼 만한 곳이 없었다. 더욱이 질병이 돌아 백성들은 병마와 싸우고, 굶주림에 시달려야만 했다.

조정의 관원들도 먹을 것이 없어 풀뿌리와 나무 껍질을 입에 넣어야만 하는 처참한 광경이 벌어지곤 했다.

이처럼 몰락한 한나라의 황실에 눈을 돌린 사람은 조조였다. 조조의 세력은 날로 커져만 갔다.

건안 원년 겨울, 대야망가 조조는 군사 20만 명을 거느리고 낙양을 향해 출발했다.

조조의 당당한 위세는 보는 사람들을 놀라게 하지 않을 수 없었다.

백마에 올라앉은 조조의 주위에는 백금의 투구, 붉은 자루의 창, 진홍색 깃발, 금란 군복 등을 갖춘 군위병이 둘러싸고 있었다. 군사들이 울리는 북소리, 행군하는 발소리는 천지에 진동했다.

이 광경을 보는 사람들은 누구나 마음속으로 이렇게 생각했다.

'이 영웅이야말로 천하를 이끌 대장군이다!'

낙양에 입성한 조조는 곧 헌제를 뵙고 예를 갖추어 맹세했다.

"이 세상에 태어나 황제의 은혜를 입지 않은 자가 있사오리까? 신 조조가 황제를 받드는 한나라는 영원할 것입니다. 자자 손손에 이르기까지 영원토록 충성을 다할 것을 황제께 맹세합니다."

나라가 어지럽고 황실이 몰락한 이 때에 조조의 맹세는 헌제의 마음을 기쁘게 하기에 충분했다. 헌제는 조조의 두 손을 잡고 눈물을 흘리며 말했다.

"잘 부탁하오, 조조."

헌제는 곧 조조에게 대장군, 승상의 벼슬을 주어 군대를 통솔하는 것과 나라를 다스리는 일을 모두 맡겨 버렸다. 그러나 조조는 마음속 깊이 큰 야심을 키워가고 있었다.

조조는 곧 헌제에게 아뢰었다.

"신이 깊이 생각하옵건대 낙양 땅은 이미 폐허가 되어 버려 다시 일으켜 세우기가 여간 힘들지 않습니다. 게다가 교통이 불편하고 지형도 좋지 않습니다. 그러니 땅이 기름져 농산물이 풍부하고, 성곽과 궁전도 예전의 모습을 그대로 갖추고 있는 허창이라는 곳으로 자리를 옮기는 것이 좋을 듯합니다."

황제는 아무 말 없이 오늘날까지 함께 동고동락을 한 신하 손서를 돌아보았다. 조조의 말을 듣고 손서는 곧 조조의 속셈을 간파했다.

'아아, 조조는 무서운 야심을 품고 있는 것이 틀림없다.'

그러나 이미 조조가 승상 벼슬에 오른 이상, 조조의 의견에 반대하는 것은 그리 쉽지 않았다. 결국 수도를 허창으로 옮기기로 결정하였다.

황제를 이끄는 대열이 산을 넘어가려 할 때, 뿌옇게 노란 먼지를 일으키며 이쪽을 향해 쏜살같이 달려오고 있는 무리가 있었다.

"저자들은 누구냐?"

조조가 무리들을 바라보며 묻자, 옆에 있던 부하 순기가 대답했다.

"아마 여포에게 빼앗긴 서주성을 다시 빼앗기 위해 싸운 유비와 그의 형제들인 모양입니다."

"음, 드디어 유비가 여포의 군사들을 무찌른 모양이군."

조조와 순기가 이야기를 주고받는 동안에도 유비의 군사들은, 빠른

속도로 조조가 있는 곳을 향해 다가오고 있었다.

태수 도겸으로부터 서주의 태수 자리를 물려받은 유비는 여포에게 서주성을 빼앗긴 바 있다. 그러나 여포를 무찌르고 다시 그 성을 되찾게 된 것이다. 유비의 바로 뒤에는 꽁꽁 묶인 여포가 적토마 위에 실려 있었다.

조조는 곧 말에서 내려 그들을 맞이할 준비를 하였다. 조조 일행을 본 유비는 말에서 내린 뒤 조용히 미소를 지으며 말했다.

"장군께서 저에게 2만 명의 군사를 빌려 주신 덕택에 여포를 이기고 다시 성을 되찾을 수 있었습니다. 자, 저렇게 꽁꽁 묶인 여포를 보십시오."

여포는 키가 7척이 넘는 대장부였는데, 거대한 공처럼 똘똘 묶여 있어 몹시 괴로워하고 있었다. 땅에 털썩 주저앉은 여포는 흐린 하늘을 울며 날아가는 두세 마리의 큰 기러기 그림자를 내려다보며,

"천하는 더욱 어지러워질 거야. 한나라 황실의 운명도 이미 끝나 가고 있으니."
하고 혼잣말을 내뱉었다.

향리가 그의 뒤로 돌아가 칼을 쳐들었다.

"얏!"

향리의 외마디 비명 소리와 함께 칼이 번쩍하고 빛나며 허공을 갈랐다. 천하무적 여포는 곧 그 자리에서 숨을 거두었다.

이 때 헌제가 가마에서 내리며 말했다.

"천하무적이라는 여포를 잡아들인 자가 누구냐? 만나고 싶구나."

이 말을 들은 유비는 무릎을 꿇고 땅에 엎드렸다. 황제는 유비에게 누구의 후예인지 물었다. 그러나 유비는 아무 대답도 하지 않은 채 고개만 숙이고 있었다.

유비가 곧 입을 열어 말했다.

"신 유비는 중산정왕의 후윤, 경제의 현손이며, 유웅의 손자, 유홍의 아들입니다."

이 말을 들은 황제는 매우 놀라워하며 말했다.

"그럼, 유비 자네는 황실의 친척이 아닌가?"

황제는 유비가 경제의 일곱째 아들의 후예임을 알고, 그 날로 좌장군 의성정후에 봉하고 황숙이 되는 것을 허용했다. 황숙이란 황제의 숙부라는 뜻이다. 그리고 유비를 대할 때는 삼촌과 조카로서의 예를 갖추었다. 사람들은 유비를 유 황숙이라 불렀다.

서울을 허창으로 옮긴 뒤로 조조는 더욱 방자해졌다. 걸핏하면 황제의 명이라 하여 군사를 휘몰고 다녀 백성들의 원성이 높았다. 또한 조조는 언제나 천하의 대세를 주의깊게 살폈다. 그 당시에는 하북 기주 지역의 원소, 하남 낙양의 원술, 형주의 유표, 손견의 뒤를 이은 손책 등의 여러 영웅들이 큰 세력을 떨치고 있었다.

그러나 지금 산동성에서 섬서성에 이르는 황하 남안 일대를 손아귀에 넣은 조조의 세력이 가장 컸다.

어느 날, 조조의 충성스런 부하 정욱이 조조를 찾아왔다.

"드디어 승상께서 큰 일을 하실 때가 온 것 같습니다. 한나라의 황실은 꽃도 지고 잎도 떨어져 말라 가는 초목과 같습니다. 이쯤에서 뽑아 버리는 것이 좋을 듯합니다. 이 기회에 승상께서 황제의 자리에 올라 천하를 호령하시는 겁니다."

정욱의 말을 들은 조조도 지금 당장 한왕조를 무너뜨리고 자신이 새로운 황제가 되었으면 하는 마음뿐이었다. 그러나 다시 생각을 가다듬고 말했다.

"지금은 때가 아니다. 한나라 황실의 세력이 많이 기울었다고는 하지만, 아직도 황실에 충성하는 신하들이 수두룩하다. 가볍게 몸을 움직였다가는 패하고 만다. 그러나 천하의 인심이 어디로 움직이고 있는지 알아 두어서 나쁠 건 없겠지. 어디 민심을 한번 시험해 보도록 하자."

조조는 큰 사냥을 준비했다. 10여 만 명의 군사들을 풀어 사냥터를 둘러싸게 하고, 사냥개와 매까지 수십 마리를 모았다. 그리고 헌제를 이끌고 사냥을 하러 갔다.

헌제는 몸이 약해서 사냥놀이는 별로 좋아하지 않았다. 그러나 큰 세력을 가진 조조의 뜻을 거역하기 어려워, 가마를 타고 사냥터로 나온 것이다.

헌제의 주위는 조조의 부하 군사들이 몇 겹으로 둘러쌌다. 조정의 신하들이 헌제 가까이에 있지 못하도록 하기 위한 조조의 계략이었다. 이 자리에는 유비와 관우, 그리고 장비도 초대되어 함께 나갔다.

조조는 오늘이야말로 자기의 위세를 모든 사람에게 보여 줄 좋은 기회라고 생각했다. 조조는 호화롭게 장식한 자신의 말에 올랐다. 이윽고 사냥이 시작되었다. 귀를 쫑긋거리며 뛰어다니는 토끼를 보고 헌제가 곁에 있던 유비에게 말했다.

"유 황숙, 저 토끼를 한번 맞혀 보시오."

유비는 화살을 한 개 뽑아 단숨에 토끼를 쏘아 맞히었다. 헌제는 기쁜 표정을 지으며 유비를 바라보았다.

사냥이 무르익어 갈 무렵, 갑자기 산기슭에서 사슴 한 마리가 뛰어나왔다. 헌제는 사슴을 맞히기 위해 황금 장식을 한 황제의 화살을 뽑아들었다. 그러나 세 번씩이나 사슴을 향해 화살을 날렸지만, 화살은 번번이 땅에 떨어지고 말았다. 헌제는 곁에 서 있는 조조를 돌아보며 말했다.

"사슴이 내 화살을 잘도 피해 가는구려. 이보시오, 조조. 경이 한번 저 사슴을 맞혀 보구려."

조조는 기다리고 있었다는 듯이 황제의 화살과 활을 집어들고 급히 말을 몰아 달려갔다.

"사슴 한 마리 잡는 일이야 이 조조에게는 식은 죽 먹기지."

눈깜짝할 사이에 조조가 쏜 화살이 사슴의 등에 맞았다. 사슴은 껑충 공중으로 한 번 솟구치더니 곧 땅에 고꾸라졌다.

사냥터 주위에 있던 문무 백관과 군사들은 금빛 화살을 보고 환호성을 내질렀다. 금빛 화살 때문에 헌제가 쏜 것으로 생각했기 때문이다.

조조는 가슴을 내밀고 자랑스럽게 말했다.

"내가 사슴을 맞혔소!"

방자한 조조의 태도를 본 신하와 군사들은 모두 환호성을 멈추고, 쥐 죽은 듯 가만히 있었다. 조조에게서 반역의 기운을 읽은 것이다.

허창을 빠져 나온 유비

허전에서의 사냥이 끝난 며칠 뒤, 조조와 부하들이 모여 이야기를 나누었다.

"황실을 넘어뜨리기 전에 먼저 처치해야 할 녀석이 있습니다."

이 말을 들은 조조가 물었다.

"누구를 말하는 것이냐?"

"다름 아닌 유비 현덕입니다. 그자는 보통 인물이 아닙니다. 훗날 반드시 승상께 화를 끼칠 인물이니, 지금 빨리 없애 버리는 것이 좋을 듯합니다"

그러나 조조는 고개를 저으며 말했다.

"지금 유비를 죽일 필요는 없다. 유비는 황건적을 토벌한 일등 공신으로 많은 장군들에게 존경을 받고 있어. 만약 지금 유비를 친다면, 다른 장군들도 자신의 목숨이 달아나지 않을까 염려한 나머지, 먼저 나를 공격하려 할지도 몰라. 그러니 경솔하게 행동해서는 안 돼."

이렇게 조조와 부하들은 틈만 나면 수군거렸다.

그 시각 유비는 머슴이 사는 오두막 뒤쪽의 넓은 터에서 열심히 흙을 파헤치며 농작물을 가꾸고 있었다.

참된 무사라면 이렇게 한가할 때에는 병서를 읽거나 활과 활쏘기를 즐기며 자신의 재주를 갈고 닦을 것이다. 그러나 유비는 사람들이 가장 천한 일로 여기는 농사를 지으며 물을 주고, 거름을 주느라 부산을 떨었다. 관우와 장비는 유비의 이런 모습이 늘 불만이었다.

"관우 형님, 저걸 보세요. 도대체 유비 형님은 무얼 하고 계신단 말입니까? 머슴이 수십 명이나 있고, 게다가 조정에서는 황제의 삼촌으로 존경받고, 군에서는 좌장의 지위에 계시는 분이 직접 냄새나는 거름통을 등에 져 나르다니요."

장비는 얼굴을 잔뜩 찌푸리며 말했다.

"유비 형님도 나름대로 깊은 생각이 있으셔서 저러시는 거겠지."

관우는 장비를 타이르는 어조로 말했다. 이러한 소문을 들은 조조가 어느 날 유비를 집으로 초대했다.

"유비 공, 이렇게 와 주셔서 고맙소. 이게 얼마 만입니까?"

조조는 복도 끝에 서서 유비를 맞아들였다. 유비는 조용히 고개를 숙이고 인사를 올렸다.

"듣자 하니 유비 공께서는 요즈음 채소 심는 일만 한다던데, 뭐가 좋다고 소인배들이나 하는 일을 하시오?"

이 말을 들은 유비는 입가에 미소를 띠며 대답했다.

"그런 말이 승상의 귀에까지 들렸습니까? 그저 천하가 태평하기에 시시한 일 같은 건 잠시 접어 두고, 햇볕을 쪼이며 밭을 가는 일을 해 보는 것뿐입니다."

"그렇군요. 오늘 이렇게 귀공을 모신 것은, 저희 집 정원에 심은 매화나무 열매로 술을 좀 담갔는데, 저와 천천히 술이나 한잔 나누고자 해서입니다."

유비는 조조를 따라 정원에 있는 작은 정자로 갔다. 이 때 갑자기 돌풍이 휘몰아치더니 하늘이 갑자기 어두워지며 소나기가 쏟아지기 시작했다.

조조는 취흥에 빠져 쏟아져 내리는 비를 바라보며 흐뭇한 미소를 지었다. 그런데 갑자기 천둥이 치자 유비의 얼굴이 새파랗게 질리면서 온몸을 부들부들 떨기 시작했다.

조조는 깜짝 놀라 유비에게 물었다.

"유비 공, 왜 그러십니까? 어디 편찮으신 데라도 있습니까?"

유비는 벌벌 떨며 대답했다.

"밝히기 부끄러운 일이지만, 저는 천둥을 아주 싫어합니다. 어디 숨을 곳이 없을까요? 저는 천둥 소리가 너무 무섭습니다."

이 모습을 본 조조가 갑자기 웃음을 터뜨렸다.

"하하하……."

조조는 유비에 대한 경계심을 누그러뜨리고 긴장을 풀었다. 유비는 채소를 심는 따위의 하찮은 일이나 좋아하고, 천둥 번개 따위를 두려워하는 졸장부에 지나지 않는 녀석이라고 생각했기 때문이다.

조조와 유비가 서로 잔을 따라 주며 즐겁게 술을 마시고 있을 때, 하북 지방으로 정탐을 갔던 만총이란 사내가 들어왔다. 유비를 본 만총은 무릎을 꿇어 인사를 올린 다음 조조에게 말했다.

"제가 그 곳에 가서 알아보니 북평 태수 공손찬이 원소에게 패했다고 합니다. 오만불손하기로 유명한 원술이 나라를 지탱할 길이 없어 원소와 힘을 합친다면, 저자들의 세력은 더욱 커질 것입니다. 그러니 승상께서는 지금 쳐 버리시는 것이 좋을 듯합니다."

곁에서 이 말을 듣고 있던 유비가 말했다.

"승상 어른, 긴히 부탁드릴 말씀이 있습니다."

유비의 말에 조조가 물었다.

"무슨 부탁이오?"

"승상의 군사들을 제게 빌려 주십시오."

"군사들을? 무엇을 하려고 그러시오?"

"하북의 원소가 이 곳을 침공하려면 반드시 동생인 원술과 힘을 합쳐 연합군을 결성할 것입니다. 그런데 원술이 하북을 가려면 반드시 제가 다스리고 있는 서주를 통과해야 합니다. 서주는 제가 여포를 물리친 지역이기 때문에 그 곳의 지형이라면 훤히 알고 있습니다. 그러니, 승상께서 군사를 빌려 주신다면 계략을 써서 원소, 원술 형제를 서주 땅에서 쫓아 내겠습니다. 저에게 군사 3만 명만 빌려 주십시오."

유비의 말을 들은 조조는 선뜻 승낙을 내리고, 장수 두 명에게 군사 3만 명을 주어 유비를 따르도록 했다.

유비는 10만, 15만을 요구하면 조조가 절대로 빌려 주지 않을 것이라는 것을 뻔히 알았기 때문에, 일부러 3만 명의 군사를 빌려 달라고 요구한 것이다.

유비는 조조에게서 빌린 3만 명의 군사를 이끌고, 다음 날 싸움터로 향했다. 바람처럼 재빠른 행동이었다.

조조의 집에서 돌아온 유비가 내일 아침 일찍 싸움터로 출발한다고 하자, 관우와 장비는 영문을 알 수 없어 놀랐지만, 더 이상 묻지 않고 유비의 뒤를 따랐다.

유비는 밤낮을 쉬지 않고 강행군을 했다.

"유비 형님, 왜 이렇게 바삐 길을 떠나십니까?"

관우가 묻자 유비가 대답했다.

"허창에 있는 동안 나는 한시도 마음 편할 날이 없었다. 언제나 조조의 감시를 받고 있었으니까. 새장 속에 갇힌 새와 별반 다를 바 없었지. 이제 드디어 조조의 눈을 벗어나 자유롭게 되었으니, 천하의 적과 싸워 내 실력을 발휘하는 것은 시간 문제다!"

그러나 이 시간 조조의 저택에서는 조조와 부하들이 당황하여 어찌할 바를 모르고 있었다. 유비가 허창을 떠났다는 사실을 알게 된 곽가가 조조 앞으로 나아가 자신의 생각을 말했다.

"유비에게 군사를 주어 고향으로 돌려보낸다는 것은 호랑이를 깊은 산에다 풀어 놓는 것과 다를 바 없습니다. 급히 다시 불러오도록 합시다."

그러나 조조는 비웃는 어조로 말했다.

"걱정 말아라. 그 녀석은 별볼일 없는 하찮은 녀석이다. 거름통을 져나르며 농사나 짓고, 천둥 소리에 놀라 온몸을 사시나무 떨듯 벌벌 떠는 녀석이거든."

"아, 승상! 승상께서는 유비의 꾀에 감쪽같이 넘어가고 말았습니다."

조조는 자신의 실수를 깨닫고 그의 부하 대장 허저에게 500명의 군사를 주어 유비의 뒤를 쫓도록 했다.

소패성 전투

건안 4년 10월.

유비와 관우, 장비는 조조에게서 얻은 3만 명의 군사를 이끌고 다시 서주성에 들어왔다. 여장을 풀 새도 없이 유비는 곧 회의를 열었다.

"조조가 나의 계책에 속은 것을 알게 되면 곧 서주성을 공격해 올 것이다. 그러니 방심하지 말고 군사들을 훈련시키고, 싸울 준비를 해야 한다."

과연 며칠 후, 유비의 꾀에 속아 넘어가 분이 치밀어오른 조조가 50만 대군을 이끌고 서주성을 공격하기 위해 떠났다는 소식이 들려왔다.

유비는 신하 미축과 간옹에게 서주성을 지키게 하고, 장비와 함께 소패성으로 들어갔다. 또 관우에게는 유비의 가족을 이끌고 하비성으로 가라고 명령했다.

유비가 소패성을 지킨 지도 어느덧 6개월이 지났다. 그 사이에 조조는 군사들을 보내어 유비를 공격했지만, 유비는 두 아우들의 도움으로 성을 지킬 수 있었다.

그러던 어느 날, 조조가 직접 50만 대군을 이끌고 소패성을 공격하기 위해 쳐들어왔다. 군사들은 구름처럼 몰려와 소패성 경계에 진을 쳤다. 유비는 장비와 장군들을 모아 회의를 열었다. 장비가 먼저 입을 열어 말했다.

"적은 비록 대군이지만 먼 길을 달려왔습니다. 그러니 피로가 쌓여 4,5일 동안은 힘을 쓰지 못할 것입니다. 조조의 군사들이 대열을 정비하기 전에 우리가 먼저 공격하는 것이 훨씬 유리할 것입니다."

유비는 말없이 고개를 끄덕이고 망루로 올라가 먼 들판을 바라보았다.

그 날 저녁 무렵 광풍이 불더니, 조조의 진에 꽂아 놓았던 청기와 홍기가 뚝 부러졌다. 조조가 이맛살을 찌푸리며 물었다.

"이게 대체 무슨 일인가? 혹시 불길한 징조가 아닐까?"

신하 순옥과 모개가 이를 헤아려 대답했다.

"이것은 적이 오늘 밤 야습해 올 징조입니다."

밤이 가고 새벽이 되자 들판 건너에 진홍색 승상기가 나부끼고, 지평선까지 가득 메운 대병력이 철갑 소리를 울리며 소패성을 향해 진군해 왔다.

한참 동안 적군을 바라보고 있던 유비는 빙그레 웃으며 옆에 있던 장비에게 물었다.

"장비, 저 승상기 밑에 조조가 있을까? 내가 보기에 조조는 없는 것 같다. 만약 조조가 지휘하고 있다면 저러한 전투 태세를 취하지는 않을 거야. 저 대열은 전혀 통솔이 되어 있지 않아. 자, 장비. 네가 나가 저 군사들을 쳐부수어라!"

"저런 놈들쯤이야 아무것도 아니지요. 그러나 유비 형님, 저놈들은 20만 대군입니다. 그러니 병력을 두 갈래로 나누어 싸웁시다. 제가 군대의 선봉에 서겠습니다. 형님은 후방을 맡으십시오."

"좋다, 장비! 네 계획대로 실행하자."

유비의 말이 떨어지기가 무섭게 장비가 먼저 망루를 뛰어내려가 군사들을 이끌고 성 밖으로 나갔다. 갑자기 낮게 깔리던 잿빛 하늘에서 눈발이 흩날리기 시작했다.

"조조의 군사들은 어디 있는가? 어서 나와 싸우자!"

장비는 적진을 향해 돌진했다. 그러나 적들은 다른 곳으로 숨어 버리고, 적의 진중에는 개미 새끼 한 마리 얼씬거리지 않았다. 조조는 군사들을 산 밑 그늘에 매복시키고, 장비의 군사들을 기다렸던 것이다.

장비의 군사들은 조조의 계책에 걸려들고 말았다. 장비는 너무나 분하고 화가 나서 외쳤다.

"두고 보자! 이렇게 숨어서 하루라도 더 생명을 연장할 생각을 하다니 가소롭구나. 기다려라! 밤에 다시 와서 단숨에 뭉게 줄 테다!"

그러나 사방을 둘러보아도 군사들의 모습은 보이지 않았다. 숲 속에서 풀벌레 울음소리만 들릴 뿐, 주위가 괴괴하였다.

"도대체 어떻게 된 일이지?"

장비와 그 부하들은 어처구니가 없어 긴장을 풀었다. 그 때 어두운 숲 속에서 나무들이 흔들리고, 땅이 진동하는 듯한 함성이 한꺼번에 일었다. 어둠에 잠겨 있던 나무와 풀들은 어느 새 적군으로 변해서 장비의 군사들을 에워싸고 있었다.

"자, 어서 도망쳐라! 후퇴해라!"

유비와 장비는 적의 계책에 빠져들었음을 알고 소리 높여 외쳤다. 순식간에 유비와 장비의 군사들은 쓰러지고, 사로잡히거나, 피를 토하고 고꾸라졌다.

장비는 이 싸움의 실패가 자신의 책임이라고 여겼다. 그래서 군사들의 선두에 서서 닥치는 대로 적을 무찌르고, 군사들을 이끌기 위해 안간힘을 썼다. 그러나 적은 20만이나 되는 대군이었다. 아무리 칼을 휘둘러도 적의 숫자는 줄어들 줄 몰랐다. 장비는 피투성이가 되어 싸웠다.

또한 유비도 조조의 군사들과 싸움을 벌이고 있었다. 그러나 이번 싸움에서 실패한 것을 깨닫고, 곧바로 말에서 내려 대장의 투구와 갑옷을 벗어 버리고 군사로 위장해 겨우 적진을 빠져 나왔다.

간신히 장비가 있는 소패성으로 달려왔지만, 그 곳에도 불길이 솟구치고 있었다. 소패성은 이미 조조의 손아귀에 들어간 것이었다.

"아아, 어디로 가면 좋단 말인가?"

유비는 망연자실하여 앞길이 막막하기만 했다.

항복의 세 조건

서주, 소패를 점령한 조조의 군사들은 곧 관우가 지키고 있는 하비성을 공격하기 위해 달려갔다. 그러나 하비성은 작은 성이기는 하지만 난공불락의 요새였다. 성 안으로 쳐들어가기가 쉽지 않다는 것을 안 조조는, 관우를 성 밖으로 끌어내기로 했다.

고심 끝에 조조와 장군들은 포로들을 이용하기로 했다. 소패성에서 잡아들인 포로 2백여 명을 하비성으로 되돌려 보내면, 포로들을 성 안으로 들이기 위해 관우가 성문을 열 때 공격하기로 한 것이다.

조조는 소패에서 항복한 병사들을 하비성으로 보냈다. 새벽에 하비성에 도착한 병사들을 관우는 반가이 맞아들였다.

관우를 보자마자 그들은 서로 입을 열어 말했다.

"소패성은 조조의 공격으로 완전히 함락되고 말았어요. 조조는 승리감을 만끽하기 위해 그 곳을 떠나지 않고 있습니다."

"저희 뒤를 따라온 병사들은 하후돈의 병사들 중 일부입니다. 먼 길을 와서 싸우느라 많이 지쳐 있어요. 지금 관우 장군께서 군사를 이끌고 나가신다면 분명히 승리하실 것입니다. 그럼, 이 하비성만은 적의 손에 넘겨 주지 않아도 될 겁니다."

병사들의 말을 들은 관우는 유비의 원수를 갚기 위해 청룡도를 휘두르며 성문을 열고 출격할 준비를 했다. 이것을 본 조조의 군사들은 와아! 하는 함성을 지르며 전투 태세를 취했다.

이 때 장군 하후돈이 이끄는 병사들이 관우를 보고 야유를 퍼붓기 시작했다. 복수심에 불타고 있던 관우는 군사를 이끌고 성문 밖을 박차고 달려나왔다. 하후돈의 군사들은 맞서 싸우지 않고 30리 밖까지 달아나기만 했다. 관우는 두 눈을 부라리며 뒤쫓아갔다.

"이놈, 하후돈! 게 섰거라! 어디를 달아나려 하느냐? 이 관우의 대청룡도를 받아라!"

말을 몰아 바람처럼 달리는 관우를 다른 군사들은 도저히 따라갈 수가 없었다. 군사 5천 명을 이끌고 휘몰아 달리던 관우가 문득 정신을 차리고 보니, 혼자 적의 진중에 깊이 들어와 있었다.

"이런, 큰일이군. 너무 깊이 들어와 버렸어!"

관우가 다시 말머리를 돌려 되돌아가려고 했지만, 이미 때는 늦은 뒤였다. 사방에서 '와!' 하는 함성과 함께 숨어 있던 군사들이 사방에서 일제히 관우를 공격하기 위해 달려나온 것이다.

조조의 군사들은 한 마리의 짐승을 울 안에 몰아넣듯 서서히 사방에서 죄어 왔다. 해가 저물자 관우의 눈에 멀리 불타고 있는 하비성이 보였다.

"이렇게 된 이상 혼자 살기만을 바랄 수 없지. 어디 한번 해 보자!"

관우가 막 칼을 휘둘러 적진을 뚫고 나가려고 할 때, 멀리 언덕에서 홀로 다가오고 있는 사람이 있었다. 서로의 얼굴이 보일 정도로 가까워지자 관우는 그 사람을 자세히 살펴보았다. 그자는 다름 아닌 장요였다. 옛날 병법의 대가 오손 선생의 학숙에서 함께 배운 동기였다.

"장요, 자네가 여기 웬일인가? 조조가 내 목을 베어 오라고 보내던가?"

관우가 먼저 장요에게 이렇게 인사를 하자, 장요가 대답했다.

"아니, 그렇지 않네."

"그렇다면 이 관우에게 항복을 권하러 왔는가?"

"아니, 그것도 아닐세. 내가 여기 온 것은 자네에게 전할 말이 있기 때문이야. 조 승상께서는 하비성을 함락하고 나서 바로 엄명을 내렸네. 유비의 부인과 아들을 해치지 말고 보호하라고 말이야. 그래서 부인과 아드님은 우리가 극진히 모시고 있지."

"오오, 그런가!"

사실 관우의 마음속에는 두 사람이 가장 큰 걱정거리로 남아 있었다.

"조 승상께서는 분명히 관우 자네가 이 일을 염려할 거라 여기고, 그 뜻을 전하기 위해 나를 보내신 걸세."

"장요, 나에게 은혜를 입혀 놓고 그 대가로 항복을 받아 낼 셈인가? 그런 가소로운 짓을 하다니……. 이 관우가 그런 것에 마음이 흔들릴 사람이라 생각하는가? 이제 그만 언덕을 내려가게. 나에게 남은 것은 싸움밖에 없네."

"관우, 여기서 싸우다 죽는 것만이 주군에게 충성을 다하는 일이라 여기는가? 그건 잘못된 생각이야. 자네가 헛된 죽음을 한다면 세상 사람들은 자네를 모두 비웃을 걸세."

"주군을 위해 충성을 다 바쳐 싸우는데, 그것이 세상 사람들의 비웃음을 살 일인가?"

관우는 노기를 띠며 크게 소리쳤다.

"그 이유는 첫째, 자네는 유비, 장비와 함께 의형제를 맺으며 생사를 함께 하기로 맹세하지 않았는가? 그런데 두 사람은 소패성에서 패한 후에 행방을 알 길이 없네. 하지만 아직은 살아 있는 게 틀림없어. 자네는 그 사람들의 생사를 알아보려 하지도 않고 먼저 헛된 죽음을 하려고 하는가? 이것을 알게 된다면 세상 사람들은 당연히 자네를 비웃을 것이네."

이 말을 들은 관우는 두 눈을 감고 생각에 잠겼다. 장요는 다시 말을 이었다.

"둘째로, 조 승상께서 보호하고 있는 유비의 부인과 아들을 자네가 모시지 않는다면 어떻게 되겠는가? 그리고 마지막으로, 쇠퇴해 가는

한나라 황실을 버리고 이렇게 헛되이 죽고자 하는 것도 의로운 일이
라고 할 수 없지. 작전상 후퇴라 생각하고, 조 승상께 무릎을 꿇은 후
에 좀더 고민해 보는 게 어떻겠는가?"

장요의 말도 옳았다. 그리고 그 말 속에는 친구 관우를 생각하는 우
정어린 충고가 담겨 있었다.

장요는 다시 입을 열어 말했다.

"관우, 섣불리 목숨을 버리려 하지 말고 주군의 행방을 찾고, 주군의
가족을 지켜 충성을 다하는 것이 어떤가?"

관우는 고개를 들어 말했다.

"좋네. 주군을 위해 한때의 수치를 참고 조 승상에게 항복하겠네."

"잘 생각했네. 그럼 조 승상에게 항복의 예를 먼저 갖추게."

이 말을 들은 관우가 두 눈을 번뜩이며 말했다.

"그러나 먼저 세 가지 조건이 있네. 나는 지금 투구를 벗고 언덕을 내려가지만, 그것은 항복이 아니라 황실과 황제를 위한 일이라는 것을 분명히 하고 싶네. 그리고 두 번째로는 유비 부인과 아드님의 생명과 생활을 대할 때 올바른 예를 갖추어 줄 것, 마지막으로 지금은 나의 주군인 유비 형님의 행방을 모르지만, 만약 살아 있다는 사실을 알게 되는 즉시 떠날 수 있게 해 주게. 이 세 가지 조건이 받아들여지지 않는다면, 세상 사람들이 비웃는다 하더라도 나는 이 자리에서 죽음을 택하겠네."

말을 마친 관우는 입을 굳게 다물었다.

장요는 곧 산에서 내려가 조조에게 관우의 뜻을 전했다.

"하하! 그 정도라면 문제될 것이 없지. 받아들이겠다. 장요, 가서 관우에게 내 뜻을 전해라!"

장요는 다시 관우가 있는 곳으로 와서 말했다.

"관우, 조 승상께서 자네의 세 가지 조건을 수락하셨네."

관우는 천천히 자리에서 일어났다. 그리고 장요의 뒤를 따라 산을 내려갔다. 그리고 곧바로 조조 앞으로 나아가 무릎을 꿇고 예를 갖추었다.

하비성은 곧바로 조조의 손에 들어갔다. 조조는 관우와 유비의 가족들을 이끌고 다시 허창으로 돌아갔다. 조조는 관우가 마음에 들었다.

"볼수록 욕심나는 호걸이야. 어떻게 해서라도 관우를 내 부하로 만들고 싶다."

조조는 헌제에게 아뢰어 관우를 편장수정후라는 높은 벼슬에 봉했다. 그리고 관우를 위한 잔치를 베풀었을 뿐 아니라, 많은 보물을 주어 환심을 사려고 하였다. 그러나 관우의 얼굴에 기뻐하는 기색은커녕, 조조가 주는 금은보화에는 손도 대지 않으려고 했다.

그러나 싸움터에서 세력을 떨친 장군답게, 여포가 타던 적토마를 선물로 받았을 때에는 관우도 기뻐했다.

'유비 형님과 장비가 있는 곳을 알게 되는 날, 이 적토마를 타고 하루에 천 리를 달려서 갈 수 있겠지.'

수경 선생과의 만남

소패에서 조조에게 패한 유비는 초라한 몰골로, 발길이 닿는 데로 정처 없이 떠돌다가 형주의 어느 시골에 이르게 되었다.

그 때 어디선가 아련한 피리 소리가 들려왔다. 유비가 고개를 들어 바라보니, 젖소에 올라탄 채 피리를 불고 있는 한 노인이 보였다.

나이는 예순 정도 된 노인의 모습에서는 청아한 기품을 느낄 수 있었다. 밭에서 농사를 짓는 근처 지역의 노인들에게서는 전혀 느낄 수 없는 위엄과 품위가 있었다.

노인은 유비의 곁을 스쳐 지나가며 혼잣말처럼 말했다.

"아까운 인물이로다."

유비는 몹시 기분이 상해 노인에게 대꾸했다.

"이보시오, 노인장. 저를 보고 무어라 말씀하셨소?"

"그저 아까운 인물이라고 했을 뿐이오."

이 말을 들은 유비는 높였던 언성을 누그러뜨리며 말했다.

"저를 보고 그런 말씀을 하시다니, 무슨 뜻인가요?"

"이유를 알고 싶으면 나를 따라오시오."

이 말을 남긴 채, 노인은 다시 소를 몰고 갔다.

노인을 따라가니 수풀 사이에 등불이 보이고, 작은 초가집이 한 채서 있었다. 초가집 옆으로는 작은 시냇물이 맑은 소리를 내며 흐르고 있었다.

노인을 따라 방 안으로 들어가니, 만 권의 책이 쌓여 있는 서재였다. 자리를 잡고 앉자 노인은 유비를 바라보며 말했다.

"황실의 친척 되시는 유비 현덕께서 어찌 이리 초라한 몰골이 되셨소?"

이 말을 들은 유비는 깜짝 놀라 대답했다.

"어떻게 제가 유비 현덕이라는 걸 아셨습니까?"

"그 얼굴에서 보통 사람에게서는 볼 수 없는 기품이 느껴집니다. 게다가 크고 훌륭한 귀를 가지고 있고, 또 얼마 전에 소패에서 조조에게 패한 뒤로는 유비의 행방을 알 길이 없다는 소문을 들었소. 그래서 첫눈에 유비라는 걸 알 수 있었소."

이 말을 들은 유비는 이 노인이 범상치 않은 인물이라는 걸 깨닫게 되었다. 유비는 곧 예를 갖추어 인사한 뒤 노인에게 물었다.

"이렇게 궁벽한 시골에 계시면서도 세상일에 밝으시고, 초라한 몰골을 한 저를 알아보시니, 노인이 어떤 분이신지 궁금합니다."

"이름은 사마휘, 자는 덕조, 호는 수경이라 하오."

"그렇다면 노인께서 그 유명한 수경 선생이군요. 선생님의 존함은 익히 들어 알고 있었습니다."

유비는 두 눈을 반짝이며 외쳤다.

"모든 학문에 통달한 은사로 꼽히는 수경 선생을 뵙게 되어 영광입니다. 선생님을 이렇게 뵙게 되니, 이보다 더한 기쁨은 없을 듯합니다."

유비는 두 손을 모으고 수경 선생에게 고개를 숙이며 말했다.

"아까 저를 보시고 아깝다고 하신 말의 의미는 무엇입니까? 그것을 알고 싶습니다."

수경 선생은 온화한 어조로 말했다.

"언젠가는 황제의 지위에 오를 만한 인물이, 패잔병이 되어 체념하고 있으니 안타깝다는 말입니다. 귀공이 그와 같은 고난을 당하는 건 뛰어난 군사가 없기 때문이오."

유비는 수경 선생에게 말했다.

"그러나 제게는 호걸 중의 호걸인 관우와 장비 두 동생이 있습니다."

수경 선생은 고개를 저으며 대답했다.

"물론 관우와 장비는 뛰어난 장수들이요. 그러나 수족처럼 움직일 수 있는 군사들은 아니지요. 귀공에게 부족한 것은 군사가 없다는 것입니다."

이 말을 들은 유비는 낙담한 듯이 말했다.

"그러나 수경 선생님. 이렇게 혼란한 세상에서 군사가 될 만한 자들은 모두 주군을 섬기고 있을 것입니다. 그러니, 어떻게 군사를 만들 수 있겠습니까?"

수경 선생은 유비의 두 눈을 바라보며 말했다.

"아니, 있소이다! 천 년에 한 사람밖에 나타나지 않는다는 큰 인물, 땅에 숨은 용, 와룡 선생이 있소이다. 유비 공, 가서 와룡 선생을 찾으시오."

이 말을 들은 유비는 고개를 숙인 채 깊은 생각에 잠겼다.

수경 선생은 곧 유비에게 형주의 태수 유표를 찾아가라고 일러 주었다. 유표는 나이가 많이 들어 자신이 죽은 뒤의 일을 걱정하고 있었다.

다음 날 일찍 유비는 수경 선생이 적어 준 편지를 가슴에 품고 유표를 찾아갔다. 병이 들어 자리에 누워 있던 유표는, 수경 선생이 보내서 왔다는 말을 듣고 벌떡 자리에서 일어나 유비를 맞았다.

유표는 유비와 이야기를 나눈 뒤 유비의 인물 됨됨이를 알아보고는 곧 형주의 태수가 되어 달라고 부탁했다. 그러나 유비가 극구 사양하자, 근처에 있는 신야성을 유비에게 맡겼다.

패잔병이 되어 떠돌이 생활을 한 지 반 년 만에 유비는 드디어 근거 지로 삼을 수 있는 성을 하나 얻게 되었다.

며칠이 지난 후, 유표가 준 삼천 명의 군사들을 이끌고 유비는 신야 성으로 떠났다. 다시 많은 군사들을 이끌게 되자, 유비는 두 아우 관우 와 장비를 그리워하며 탄식했다.

'나에게 아무리 큰 성이 있다 한들, 백 만의 군사가 있다 한들, 관우 와 장비가 내 곁에 없다면 두 날개를 뽑힌 독수리와 같지 않은가.'

허창을 공격한 원소

소패성 싸움이 끝난 지 한참이 지난 어느 날, 하북의 태수 원소가 15 만의 군사를 이끌고 허창을 공격하기 위해 진군하고 있다는 소식이 들 렸다. 국경에서 잇달아 급보가 들어오자 온 성 안은 군사를 모으고, 전 쟁 때 먹을 식량을 비축하느라 일대 혼잡을 이루었다.

이윽고 안량이 이끄는 원소의 군대와 조조의 군사들이 맞붙어 싸움이 벌어졌다. 함성은 하늘을 뒤흔들고, 칼과 창은 햇빛에 반사하여 눈부셨 다. 함성이 오를 때마다 울긋불긋한 깃발들이 광풍처럼 요동쳤다. 그러 나 조조의 군사들은 조금씩 무너져 가고 있었다.

그 때 조조의 곁에 있던 장군 한 명이 다급하게 외쳤다.

"안량이다! 안량이 선두에 있다!"

안량은 하북 제일의 용장으로 손꼽히는 인물이었다. 안량을 본 조조 의 군사들은 당황하기 시작했다. 군사들뿐만 아니라 장수들 중에서도 안량과 대적하려는 사람이 아무도 없었다.

이 사태를 바라보는 조조의 얼굴은 새파랗게 질려 있었다. 그 때 조 조의 신하인 정욱이 앞으로 나서며 말했다.

"안량을 이길 자는 관우밖에 없습니다."

조조는 관우를 싸움터에 내보내는 것이 내키지 않았지만, 이대로 안량에게 당하고만 있을 수도 없었다.

"좋다! 가서 관우 장군을 불러오라."

관우는 갑옷을 입고, 투구를 쓰고, 조조 앞에 나아가 말했다.

"제가 저 애송이를 잡아 오겠습니다."

관우는 곧바로 적토마에 뛰어오르더니 청룡도를 휘두르며 적진 속으로 달려갔다. 오랫동안 싸움터에 나가지 않았던 적토마도 오랜만에 생기를 얻은 것처럼 갈기를 흔들며 나는 듯이 달렸다.

안량을 본 관우는 크게 소리쳤다.

"물러가라, 안량! 헛되이 죽음을 맞지 말라!"

관우가 칼을 번쩍 들어 한 번 내리치자, 안량의 몸뚱어리는 두 동강이 났다. 관우의 활약에 힘을 얻은 조조의 군사들은 다시 맹렬히 싸웠다. 싸움은 조조 군사들의 승리로 끝났다. 조조는 이번 싸움에서 큰 공을 세운 관우에게 많은 상을 내렸다.

그러나 하나의 적을 무찔러 싸움을 끝내면 다시 새로운 적이 등장하는 어지러운 시대였다.

조조의 군사들이 하북에 출진한 빈틈을 타서 여남에 자리잡고 있던 황건적 잔당인 유벽, 공도의 무리가 반기를 들고 일어났다. 무시할 수 없는 큰 세력이었다.

반군의 무리들을 토벌하기 위한 회의가 열렸다. 조조는 장수들과 함께 누가 이 싸움에 나가면 좋을지에 대해 의논했다. 장수들은 이번 싸움에 선뜻 나서려고 하지 않았다. 황건적 군사들의 세력이 만만치 않았던 것이다.

이 때 한 장수가 조조 앞에 나서며 말했다.

"내가 가겠소."

고개를 돌려 바라보니 관우였다. 이것을 본 조조는 기뻐했다. 관우가 누구인가? 천하 명장이라 불리는 안량을 단 한칼에 처치한 용맹스런 장수 아닌가?

조조는 곧 관우에게 우금, 약진 두 장수를 부대장으로 삼도록 하고, 군사 5만 명을 주어 싸움터로 떠나보냈다.

그러나 싸움터에 나가는 관우의 속셈은 따로 있었다. 밖으로 나가 유비와 장비의 소식을 알아보고자 했던 것이다.

여남에 닿은 군사들은 곧 진을 구축하고 싸울 준비를 했다. 다음 날부터 곧바로 싸움이 시작되었다. 군사들은 명장 관우를 믿고 맹렬히 싸웠다. 황건적의 무리들은 제대로 칼도 휘둘러 보지 못하고 쓰러져 갔다.

관우의 군사들은 별다른 피해도 없이 황건적의 잔당들을 토벌하는 데 성공했다.

유비 형님을 찾아

전쟁이 끝난 지도 어느덧 반 년이 흘렀다. 뜰의 나무들은 벌써 낙엽을 떨어뜨리고 있었다.

관우는 그 날도 유비 형님과 장비를 생각하며 잠을 자기 위해 침대에 누웠다. 그 때 누군가가 창문을 두드리며 속삭였다.

"관우 장군! 관우 장군!"

관우는 깜짝 놀라 자리에서 일어나 움직이지 않았다. 그러자 창문이 스르르 열리며 문틈으로 편지를 내미는 사람이 있었다.

"이것을 얼른 읽어 보십시오."

관우는 의아해하며 편지를 펼쳐 등불에 비추어 보았다.

"아! 이건 유비 형님의 글씨체가 아닌가?"

관우가 하루도 잊지 못하고 그리워하던 유비 형님. 관우는 등불을 들고 편지를 읽기 시작했다.

하북 제일의 용사 안량의 목을 벤 자가 관우라는 소식을 듣고 뛸 듯이 기뻤다. 네가 살아 있다는 소식을 들은 거나 다름없으니까.

관우, 나는 지금 신야성에 있다. 너를 만나고 싶은 마음 간절하다. 내 아내와 아들을 이끌고 이 곳으로 오도록 해라.

편지를 다 읽고 난 관우의 두 눈에 눈물이 맺혔다.

'아, 유비 형님이 살아 계셨구나.'

관우는 다시 정신을 가다듬고 창문 밖에서 기다리고 있던 사자에게 말했다.

"수고했네. 유비 형님에게 관우는 곧바로 내일 이 곳을 떠날 계획이라고 전해 주게."

"알겠습니다."

말을 마치기가 무섭게 사자는 소리없이 어둠 속으로 사라졌다. 관우는 곧바로 이 곳을 빠져 나갈 방법을 궁리하기 시작했다.

다음 날 아침이 되자, 관우는 간밤에 세운 계획에 따라 떠날 준비를 했다. 먼저 창고로 갔다. 창고 안에는 조조에게서 선물받은 금은보화가 담긴 상자, 금란 의복이 든 상자가 산더미처럼 쌓여 있었다. 그 외에도 셀 수 없이 많은 보물들로 가득했다.

관우는 보물들을 정리하는 체하며 하나하나 품목을 적어 창고 입구에 붙였다. 그리고 문짝을 굳게 닫고 자물쇠를 채웠다.

그러고 난 후, 하인을 불러 말했다.

"이 저택 안에 있는 가구나 집기에 손대지 말아라."

"예, 알겠습니다."

관우는 곧바로 유비의 부인과 아들이 머물고 있는 별채로 들어갔다. 부인을 본 관우는 어젯밤에 있었던 일을 모두 말했다.

"자, 어서 준비하십시오. 지금 당장 떠나야 합니다."

"관우, 나는 자네만 믿네."

유비의 아내는 눈물을 흘렸다.

이윽고 수레 한 대에 유비의 부인과 아들을 태우고 난 뒤, 관우는 훌쩍 적토마에 올랐다. 그리고 편지를 한 통 써서 조조에게 보내고, 하비성에서 데려온 20여 명의 군사들에게 수레를 호위하도록 하여 허창성을 나섰다.

성문에 이르자 경비병들이 수상히 여기고, 창을 들어 관우 일행을 가로막았다.

"어디를 가려고 하느냐? 수레에 실려 있는 것은 무엇이냐?"

"조조 승상의 명령으로 행하는 일이다. 수레에 손을 대는 자는 가만두지 않겠다!"

관우의 말을 들은 경비병들은 혼비백산하여 물러났다. 허창성을 나온 관우일행은 곧바로 북쪽을 향해 길을 떠났다. 그러나 조조의 군사들은 곧 관우에게 속았다는 것을 알아채고 조조에게 이 사실을 알렸다. 허겁지겁 달려오는 군사들을 보며 조조가 말했다.

"무슨 일인가?"

"지금 관우가 유비 부인과 아드님을 수레에 싣고 허창성을 빠져 달아났습니다."

"뭐라고?"

조조는 자리를 박차고 일어났다.

"편히 머물 수 있도록 해 주고, 많은 보물도 선물로 내렸건만 나를 버리고 옛 주인을 찾아 도망을 가다니."

조조는 관우의 행동에 화가 나서 참을 수 없었다. 그러나 마음 한편으로는 옛 주인을 찾아가는 관우의 행동에 탄복하고 있었다.

"말을 끌어내라!"

조조는 하인이 대령한 말에 올라타고, 장수 장요와 함께 관우의 뒤를 쫓아 달려갔다. 급히 말을 몰아 성문 밖을 달린 지 한 시간 가량 지나자, 앞에 20여 명의 군사들에 둘러싸인 수레와 말을 탄 관우 일행이 보였다.

단풍진 산기슭을 따라 수레 뒤에서 갈 길을 재촉하고 있던 관우는, 말발굽소리에 고개를 돌렸다. 멀리서 어떤 장수 한 명이 소리치며 달려오는 것이 보였다.

"관우 장군, 잠깐만 멈추시오!"

관우는 추격대가 쫓아올 것으로 예상하고, 각오를 단단히 하고 있었다. 그래서 조금도 당황하지 않고 군사들에게 명령했다.

"너희들은 수레를 급히 몰아서 먼저 가라. 나는 곧 뒤쫓아갈 테니."

말머리를 돌리고 장수가 가까이 오기를 기다리던 관우는, 자신을 부른 장수가 장요임을 알았다.

"관우, 지금 조 승상께서 오고 계시네. 나는 이것을 먼저 자네에게 전하기 위해 이렇게 달려온 걸세."

"조 승상이? 나를 사로잡기 위해 오고 있다는 말인가?"

"아닐세. 조 승상께서 자네에게 하실 말씀이 있으신 모양이야. 그러니 조금만 여기서 기다려 주게."

"그러도록 하지. 이 몸을 위해 달려오신다니, 나에게 베풀어 주신 은혜를 생각해서라도 만나고 가야지."

관우는 비좁은 다리 위에 올라서서 조조를 기다렸다.

이윽고 조조가 허저, 서황, 우금, 이전 등의 장수 대여섯 명을 거느리고 달려왔다. 관우는 말 위에서 조조에게 예를 올렸다.

조조가 다가오며 말했다.

"장군과 내가 인연이 없어 갈라지는 것을 애석하게 생각하오. 관우 장군이야말로 진정한 영웅 호걸이요. 부디 잘 가시오."

이 말을 듣고 관우도 답례하며 말했다.

"보살펴 주신 은혜에 감사드립니다. 언젠가는 승상께 입은 은혜를 갚을 날이 있을 것입니다. 그럼, 이만……."

말을 마친 관우는 고삐를 힘껏 잡아당겨 말머리를 돌렸다. 그리고는 유비가 있는 북쪽을 향해 쏜살같이 달려갔다.

장비와의 재회

관우 일행은 며칠 만에 동령관이란 관소에 이르렀다. 이 곳에는 조조의 부하인 공수가 500여 명의 군사를 이끌고 지키고 있었다. 공수는 관우를 보자 큰 칼을 비껴 쥐고 가까이 다가왔다. 관우는 수레를 세우고 말했다.

"우리는 하북으로 내려가는 중이오. 그러니 통과시켜 주시오."

공수는 수상한 눈빛으로 관우를 바라보며 말했다.

"조 승상이 발급한 통행증은 갖고 계시오?"

"갑자기 떠나게 되어 받지 못하였소."

관우의 대답을 듣고, 공수는 관우의 앞을 가로막으며 말했다.

"그렇다면 통과시킬 수 없소. 통행증이 없는 사람은 관문을 통과할 수 없어요."

"이미 조 승상과는 패릉교 다리 위에서 작별 인사까지 나누었소. 그러니 통행증 같은 건 필요 없지 않소?"

"나라의 법이 그렇지 않소. 조 승상의 허락 없이는 하루가 아니라 1년을 기다려도 이 곳을 통과할 수 없소."

공수는 관문을 굳게 잠그고 창을 들고 나왔다.

"어디 지나가려거든 가 보아라!"

관우도 눈빛을 번뜩이며 말했다.

"정 못 보내겠다면 이 청룡도의 위력으로 통과하겠소. 공연히 고집을 부려 목숨을 날리지 마시오."

"시끄럽다!"

공수는 노기 띤 목소리로 말했다. 공수의 말이 끝나자마자 관우는 칼을 높이 들어 공수를 내리쳤다. 공수의 몸은 그 자리에서 두 동강이 났다. 이것을 본 다른 병사들은 바들바들 떨며 관문을 활짝 열었다.

관우는 수레를 재촉하며 그 뒤를 따라 관문을 빠져 나갔다. 수레는 낙양을 향해 쉬지 않고 나아갔다. 이윽고 낙양이 보였다. 그 곳에는 조조의 부하 한복이 수비하고 있었다.

관우는 유유히 그 앞으로 적토마를 몰고 나갔다.

"나는 장수 관우요. 관문을 통과하려고 하니 문을 열어 주시오."

태수 한복은 말을 타고 나와 관우를 향해 고함을 질렀다.

"통행증이 있는가?"

"없소!"

"그러면 도망가는 자가 아닌가? 저자를 잡아라!"

한복의 말이 끝나기가 무섭게 사방에서 징소리가 울리며, 군사들이 요란스럽게 움직이는 것이 보였다.

관우가 동령관 관문에서 공수를 베어 버렸다는 소식은 이미 이 곳까지 닿아 있었다. 한복은 이미 일천 명이 넘는 군사들을 동원해 관문을 지키고 있었던 것이다.

관우는 곧 사태가 위급함을 깨달았다. 그래서 허리에 차고 있던 작은 칼을 뽑아 잽싸게 한복에게 던졌다. 한복은 비명도 제대로 지르지 못하고 그 자리에서 쓰러졌다. 이것을 본 병사들은 사방으로 흩어져 도망가기에 바빴다.

관우는 큰 칼을 빼어 들고 하늘 높이 소리쳤다.

"저 관문을 열지 못할까?"

이 소리에 놀란 군사들은 관문의 빗장을 열어 놓고 벌벌 떨기만 했다. 어느 누구도 관우에게 맞서 싸우려고 하지 않았다. 이렇게 해서 낙양도 벗어난 관우 일행은 기수관을 지나 영양에 다다랐다. 이곳은 영양 태수 왕식이 관리하는 곳이었다.

공수와 한복을 차례로 쓰러뜨린 관우가 기수관의 대장 복희까지 쓰러뜨렸다는 소식을 전해들은 왕식은 장수들과 회의를 열었다.

"관우가 오고 있소. 통행증이 없어서 통과시키려 하지 않았던 장수들은 싸워 보지도 못하고 관우의 칼에 죽었습니다. 이제 곧 영양에 도착할 텐데 어떻게 하면 좋겠소?"

왕식이 근심을 털어놓자, 곁에 있던 한 장수가 앞으로 나서며 말했다.

"관우는 용맹하기로 유명한 장수입니다. 그러니 관문을 통과시킨 후 밤에 처치하는 것이 좋을 듯합니다."

"좋소. 그렇게 합시다."

관우 일행이 영양에 도착하자 왕식의 군사들은 그를 막지 않았다. 오히려 문을 열고 일행을 맞아들여 객사에 머물도록 했다.

밤이 되자, 왕식은 부하들과 함께 관우가 머물고 있는 객사를 습격했다. 그러나 계략에 쉽게 넘어갈 관우가 아니었다. 왕식의 부하를 본 관우는 곧바로 칼을 빼들었다. 그리고 종횡무진 휘두르며 군사들을 상대했다. 태수 왕식도 그 자리에서 목숨을 잃고 말았다.

관우는 다시 유비의 가족이 탄 수레를 이끌고 길을 떠났다. 며칠 뒤 관우 일행은 황하의 북안에 도착했다.

여기까지 오는 동안 얼마나 많은 고초를 겪었던가. 어느 날은 흰 모래 바람에 시야가 막혀 길을 잃어버린 적도 있었다. 또 어느 날은 강풍이 심하게 불어닥쳐, 한 발짝도 앞으로 나아가지 못했던 적도 있었다. 그리고 어느 날은 하늘이 갈라질 듯한 천둥, 번개와 함께 폭우가 쏟아져 물에 잠긴 초원에서 수레가 몇 차례나 떠밀려 갈 뻔한 적도 있었다.

황하를 건넌 지 열흘째 되었다. 여기서부터는 원소가 다스리는 땅이었다. 관우는 마음이 조금 놓였다. 끝없이 펼쳐져 있는 넓고 아득한 초원 위를 걷고 있을 때, 멀리서 5, 6명의 군사들이 흙먼지를 일으키며 달려오고 있었다.

"장군! 잠깐만 멈추시오!"

관우는 뒤쫓아오는 추격대 무리들이라 생각했다. 그래서 혼자 맞서기 위해 수레를 먼저 보내고 말머리를 돌려 기다렸다.

군사들의 우두머리는 지난날 하비성에서 관우를 꾀어 낸 장수 하후돈이었다. 하후돈을 보자 관우는 과거의 일이 떠올라 불타는 투지에 사로잡혔다. 청룡도를 한 손에 단단히 고쳐 쥐고 한 번에 물리칠 준비를 했다.

관우를 본 하후돈은 노기를 띠며 고함을 쳤다.

"관우! 네녀석은 관문을 부수고 수백 명 군사들의 목숨을 빼앗았다. 게다가 나의 충성스런 부하 진기의 목숨까지 빼앗았으니, 내가 너를 가만두지 않겠다!"

"덤벼라, 하후돈! 이 자리에서 지난날의 치욕을 갚겠다."

드넓은 초원 위에서 관우와 하후돈은 불꽃 튀기는 접전을 벌였다.

그 때 저 멀리에서 급히 말을 몰아 달려오는 장수가 보였다. 그 사람은 조조의 부하 장요였다.

"하후돈, 칼을 치워라!"

그러나 하후돈은 더욱 세게 칼을 휘두르며 말했다.

"잠자코 보고만 있으시오, 장요. 관우의 목을 날리기 전에는 절대로 멈추지 않겠소."

장요는 순간 칼을 뽑아 하후돈의 말을 내리쳤다. 말은 비명을 내지르며 앞발을 들어 허공을 찼다. 이 틈을 타 장요는 하후돈과 관우 사이로 뛰어들었다. 그리고 관우에게 말했다.

"조 승상께서 통행증을 주셨네. 자네가 통행증이 없어 관문을 통과하는 데 어려움을 겪는 것은 자신의 실수라고 하셨네. 자, 이 통행증을 들고 어서 길을 재촉하게."

이 말을 들은 관우도 칼을 거두고 장요에게 말했다.

"고맙네, 장요. 이렇게까지 나를 생각해 주다니……. 결코 잊지 않겠네."

이것을 본 하후돈은 화를 억누를 길이 없었지만, 조조의 명령이라 어쩔 수 없었다. 하후돈은 떨떠름한 표정을 지우지 못한 채 뒤돌아섰다.

관우는 말고삐를 당겨 다시 수레의 뒤를 쫓아 말을 몰기 시작했다. 여러 날을 지나 여남 경계에 이르렀을 때, 저 건너 험한 산 중턱에 높은 성 하나가 보였다.

관우는 손을 이마에 대고 성을 바라보다가 마침 그 곳을 지나가는 농부를 불러 물었다.

"저 성을 지키는 자는 누구인가?"

말 위에 앉아 있는 호걸을 본 농부는, 예사 인물이 아니라는 것을 알아채고 공손히 대답했다.

"예, 저 성에 계신 분은 장비라고 합니다. 석 달 전, 50여 명의 군사들을 이끌고 이 곳에 오셨어요. 떠도는 소문을 들으니 소패성 싸움에서 패한 뒤 망탄산에서 산적 생활을 하다가 왔다고 하더군요. 그런데 저 성의 주인이 무례하게 대접한 것에 화가 나서, 성을 침공해 빼앗아 버린 거지요. 성을 차지하자마자 전부터 성에서 지내고 있던 천여 명의 산적들을 모두 몰아냈어요. 지금은 근처 마을에서 군사를 모으고, 말도 거두어 약 4,5천 명의 부하를 이끌고 있답니다."

이 말을 들은 관우는 마음속으로 기뻐 환호성을 질렀다.

'아, 저 성의 주인이 장비라니……. 그럼, 장비도 목숨을 잃지 않고 살아 있었구나.'

수레를 고갯마루에 세워 놓고, 관우는 적토마를 달려 순식간에 성에 다다랐다.

"이봐라! 이봐라!"

관우가 부르자, 다 허물어져 가는 망루에서 보초를 서고 있던 파수병이 얼굴을 내밀었다.

"안에 들어가서 성주에게 관우가 찾아왔다고 전해라!"

장비는 파수병으로부터 보고를 받자마자 장팔사모창을 움켜쥐고 번개처럼 달려나왔다.

장비가 나오는 것을 본 관우는 반가운 목소리로 말했다.

"아, 장비! 살아 있었구나!"

그러나 장비는 얼굴에 노기를 띠고, 청천벽력 같은 소리를 내지르며 말했다.

"의를 배반한 파렴치한 놈!"

이 말을 들은 관우는 어안이 벙벙하여 아무 말도 할 수 없었다.

"그게 무슨 말인가, 장비?"

"무슨 말이냐고? 몰라서 내게 묻는단 말이냐? 네가 부귀영화에 눈이 어두워 조조에게 항복하고, 수정후라는 벼슬까지 얻어 호위호식한 것을 모를 줄 아느냐? 자, 옛 맹세를 어긴 놈에게는 어떤 처벌이 뒤따르는지 온 세상 사람들에게 보여 주겠다. 각오해라, 관우! 어서 내 칼을 받아라!"

"장비, 여전히 성급하구나. 이유를 들으려고도 하지 않고 칼부터 휘두르다니……. 유비 형님의 부인을 뵙고 이야기를 자세히 들은 다음에 칼을 들어도 늦지 않을 것이다."

"미부인이 여기에 있다고? 그걸 나더러 믿으란 말이냐? 자, 더 이상 들을 필요도 없다. 관우, 어서 승부를 겨루자!"

"장비, 그렇게도 나를 믿을 수 없단 말이냐? 나를 따라 오라! 미부인이 있는 곳까지 내가 안내할 테니."

관우는 말머리를 돌려 수레가 있는 곳으로 달려갔다. 장비는 관우의 뒤를 쫓아갔다. 이윽고 고갯마루에 이른 장비는 부인의 수레 앞에 멈추어 섰다. 장비를 본 부인은 수레에서 내리며 눈물을 글썽거렸다. 그것을 본 장비의 눈에서도 눈물이 뚝뚝 떨어졌다.

미부인은 장비의 두 손을 잡고, 이제껏 관우가 자신과 아들을 위해 얼마나 모진 고생을 했는지 이야기했다.

미부인이 말을 마치자, 장비는 관우의 앞에 나아가 무릎을 꿇었다.

"무례하게 군 것을 용서하세요, 관우 형님!"

유비 가족과 관우는 곧바로 장비의 안내를 받으며 성 안으로 들어갔다. 장비는 곧 염소와 돼지를 잡아 잔치를 베풀고, 다시 만난 것을 축하했다. 관우 일행은 도성 허창을 떠난 뒤 처음으로 마음 편히 하룻밤을 쉴 수 있었다.

삼고초려

장비를 만난 기쁨이 채 사라지기도 전에 관우는 다시 유비 형님을 떠올리지 않을 수 없었다.

"유비 형님도 함께 계셨더라면……. 더 이상 여기 머물러 있을 수만은 없다. 형님을 찾으러 가야겠다."

관우는 장비의 성을 나와 다시 유비를 찾아 길을 떠났다. 여남에서 유벽을 만난 관우는 유비의 소식을 듣게 되었다.

"며칠 전까지 이 곳에 계셨어요. 그런데 여남은 군졸이 적어 아무 일도 할 수가 없다고 하시면서 다시 기주로 돌아가셨습니다. 2,3일 전에 말입니다."

이 말을 들은 관우는 크게 실망하지 않을 수 없었다. 하는 수 없이 다시 말을 몰아 장비와 유비 가족이 있는 고성으로 돌아온 관우는, 곧바로 장비를 불러 말했다.

"여남에 가면 형님을 만날 수 있을 거라 생각했는데……. 형님은 벌써 그 곳을 떠나셨다고 하더군."

이 말을 들은 장비가 자리에서 일어나며 큰 소리로 말했다.

"너무 서운해하지 마세요, 관우 형님. 제가 하북에 가서 유비 형님을 모셔오겠습니다."

그러나 관우는 떨구었던 고개를 들고 장비를 바라보며 말했다.

"그러나 장비, 우리에게는 이 성이 생명이야. 만약 이 성을 빼앗기는 날에는 미부인과 아드님이 머물 곳이 없지 않은가? 그러니 자네는 여기에 있게. 성 주인이 성을 떠나서는 안 돼. 내가 가겠네."

"형님은 안 되오. 안량과 문추 일로 형님의 신상이 위험하다는 것을 잘 알잖아요?"

"장비, 내가 그만한 일로 겁낼 거라 생각하는가? 내가 누군가? 천하의 용장 관우일세. 그때 그때 사태를 보아가며 행동할 터이니, 너무 염려하지 말게."

관우는 이윽고 부하 손건과 주창을 데리고 길을 떠났다. 도중에 관우는 주창을 배원소가 있는 와우산으로 보냈다. 기주 경계까지 왔지만, 깊이 들어가기에는 위험했다. 관우는 곰곰이 생각하던 끝에 손건에게 말했다.

"손건, 함께 움직이면 사람들 눈에 띄기 쉬우니 여기서 따로 움직이기로 하세. 나는 관정의 집에서 머물 테니, 자네는 유비 형님이 계신 성 안으로 들어가서 내가 여기 있다는 것을 알리게."

"예, 알겠습니다."

손건은 유비가 있는 신야성을 향해 말을 몰았다.

이 때, 유비는 농군들의 생활 양상을 살펴보기 위해 몇몇의 군사들과 함께 신야성을 나섰다.

잘 가꾸어진 논에서는 따스한 햇볕 아래서 농부들이 일을 하며 노래를 부르고 있었다.

넓은 하늘은 끝이 없는데
땅 위는 바둑판처럼 나누어져서
마치 검은 돌과 흰 돌처럼
둘로 갈라져 싸움만 한다네
이긴 자는 우쭐대고
진 자는 숨가쁘게 도망친다.
그러나 이 곳 남양 땅은 별천지
낮잠을 자는 사람은 그 누구인가

한가히 계속 잠을 자는 그 사람은
이 세상의 괴로움을 모르는 얼굴일세.

유비는 이 노래를 듣자 문득 떠오르는 생각이 있어 농부에게 물어보
았다.

"그 노래의 주인공은 누구인가?"

한 농부가 대답했다.

"예, 와룡 선생을 두고 부르는 노래입니다."

'와룡'이라는 말을 듣자 유비는 예전에 수경 선생이 했던 말이 떠올
랐다. 유비가 이곳에 온 것도 와룡 선생을 맞이할 성을 얻기 위해서가
아니었던가?

유비는 가슴이 설렜다. 그래서 농부에게 다급히 물었다.

"와룡 선생이 계시는 곳이 어디인가?"

"저기 앞에 보이는 산 남쪽의 언덕을 와룡 언덕이라 합니다. 그 뒤에
숲이 있고, 그 속에 억새 지붕의 암자가 있지요. 그곳에 머물고 계십
니다."

말을 마친 농부는 다시 허리를 굽혀 일을 하기 시작했다.

유비는 곧 와룡 선생을 찾아갔다. 그리고 곁에 있는 군사를 통해 와
룡 선생의 이름은 제갈량, 자는 공명이라는 것을 알게 되었다.

가까이 다가갈수록 부근 경치도 선경처럼 맑고 깨끗했다. 사람들에게
공명의 처소를 물어본 뒤 유비는 말에서 내려 걸어 들어갔다. 사립문을
가볍게 두드리자 동자가 마중을 나왔다.

"어떻게 오셨습니까?"

"와룡 선생이 계시냐? 나는 황실의 황숙 유비, 자는 현덕이다. 와룡
선생을 뵙고자 이렇게 찾아왔노라고 전하여라."

동자는 다소곳이 허리를 굽히며 말했다.

"선생님은 지금 안 계십니다."

"어디를 가셨느냐?"

"오늘 아침 일찍 어딘가로 가셨습니다. 어디를 가셨는지 저도 잘 모릅니다."

"그럼, 언제 돌아오시느냐?"

"잘 모르겠습니다. 한 번 나가서서 2,3일 뒤에 오실 때도 있고, 한 달 동안 돌아오지 않으실 때도 있습니다."

이 말을 들은 유비는 실망한 빛을 감출 수 없었다. 그러나 어쩔 수 없는 일이었다.

유비가 신야성에 돌아와 보니 관우가 와 있었다.

"아, 유비 형님!"

"관우!"

두 사람은 말을 잇지 못한 채 소리 없이 눈물을 흘렸다. 곁에 있던 손건도 감격적인 해후를 보며 눈물을 흘리지 않을 수 없었다.

관우는 유비에게 장비와 미부인, 그리고 아들 아두에 대한 소식을 전했다. 가족들이 모두 살아 있다는 소식을 듣고 유비의 가슴은 뛸 듯이 기뻤다.

유비와 관우는 급히 말을 몰아 장비가 있는 곳으로 갔다. 미부인과 유비는 서로의 얼굴을 보며 아무 말도 못한 채 눈물만 흘렸다.

얼마나 보고 싶었던 얼굴인가?

그날 밤, 성에서는 삼 형제가 다시 모인 것을 축하하는 잔치가 벌어졌다. 유비는 다시 천하를 얻은 것만 같았다. 게다가 세 사람이 이끌고 있는 군사만 해도 일만 명에 가까웠다.

'이제 와룡 선생만 얻으면, 황제처럼 군림하는 조조를 이길 수 있을

것이다.'

유비는 황실에 대한 충성을 다졌다.

며칠 뒤, 유비는 먼저 와룡 선생 댁에 사람을 보내어 선생이 집에 계신지 알아보게 했다. 와룡 선생이 집에 계시다는 보고를 받은 유비는 이튿날 관우와 장비를 거느리고 다시 선생 댁을 찾아갔다.

때는 12월 한겨울이어서 바람이 매서웠다. 게다가 어느덧 눈발이 날리기 시작했다. 성미가 급한 장비는 불만을 터뜨렸다.

"유비 형님, 눈이 내리기 시작해요. 이런 날씨에 일개 농사꾼에 불과한 백성을 찾아갈 게 뭐예요? 부하를 시켜 성으로 불러들일 수도 있잖아요."

"그건 안 돼. 이분은 평범한 사람이 아니야. 현인을 모시는데 이 정도의 고생은 고생도 아니지. 추우면 너 혼자 돌아가거라."

유비는 이렇게 말하며 성큼성큼 걸어 나갔다. 그러나 눈발이 강풍을 타고 휘몰아쳐 더 이상 앞으로 나갈 수가 없었다. 말발굽은 눈에 묻히고, 그를 수행하는 부하들의 심신은 무거워져 한걸음 한걸음 걷는 것조차 어려웠다. 잠깐 사이에 온 천지는 은세계가 되어 버렸다.

쏟아지는 눈을 헤치고 겨우 와룡 언덕에 도착했다. 유비는 관우와 장비만을 데리고 와룡 선생 댁의 싸리문 안으로 들어갔다.

유비가 가만히 창문으로 실내를 들여다보니, 한 젊은이가 웅크리고 앉아 글귀를 읊조리고 있었다. 유비는 눈 쌓인 뜰에 무릎을 꿇고 앉았다.

"공명 선생. 나는 수경 선생에게서 선생의 비범함을 듣고 찾아온 사람이오."

유비를 본 젊은이가 밖으로 나오며 말했다.

"아, 신야성의 유비 장군 아니시오? 저는 공명 선생의 동생, 제갈 균이라 합니다. 지금 형님은 집에 계시지 않습니다."

이 말을 들은 유비는 크게 낙담하지 않을 수 없었다.

"그렇습니까? 어디 가셨나요?"

"친구분이 찾아오셔서 그분과 함께 나가셨습니다."

유비는 허전한 마음을 안고 다시 성으로 돌아올 수밖에 없었다.

어느덧 새해가 밝았다. 유비는 길일을 택해 세 번째로 공명을 찾아갈 준비를 했다. 3일 동안 매일 목욕을 하여 몸과 마음을 깨끗이 닦았다. 그리고 드디어 공명을 찾아 와룡 언덕으로 향했다. 그러나 이번에는 관우도 불만을 터뜨렸다.

"형님은 두 번이나 와룡 언덕에 가셨습니다. 그런데 이번에도 형님이 찾아가셔야 한다는 게 말이 됩니까? 예의를 아는 자라면 이번에는 공명이 직접 형님을 뵈러 이 곳을 찾아와야지요."

그러나 이 말을 들은 유비가 말했다.

"그게 무슨 말이냐? 옛날 주나라 문왕은 위수의 태공망을 찾아갔을 때, 낚시질하는 뒤에 서서 하루 종일 기다렸다고 하지 않느냐. 그러했기에 800년의 기초를 닦지 않았느냐. 현인을 맞아들이는 데는 그렇게 하지 않으면 안 되는 법이다."

유비는 이렇게 꾸짖으며 아우들의 말을 들으려고 하지 않았다.

어느덧 유비 일행은 와룡 언덕에 다다랐다. 유비는 말에서 내려 공명의 집으로 갔다. 마침 공명은 집에 있었다. 유비는 제갈 균의 안내를 받으며 공명 선생이 머물고 있는 서재로 갔다. 그러나 공명 선생은 낮잠을 자고 있었다.

유비는 툇마루 앞에 선 채 조용히 공명 선생이 잠에서 깨어나기를 기다렸다. 한 시간이 지나도록 아무 인기척이 없었다. 장비는 쪽문에서 얼핏 들여다보고는 화가 나서 소리쳤다.

"아니, 저거 보세요, 형님! 정말 무례하기 짝이 없군요. 형님은 이렇게 밖에 서 계시는데, 아직도 잠만 자고 있다니요."

"잠깐, 장비. 형님이 하신 주나라 문왕의 얘기를 잊어버렸는가?"

관우는 겨우 장비를 말렸다.

다시 한 시간이 흘렀다. 이윽고 공명은 기지개를 켜며 눈을 떴다. 그리고는 층계 아래에 두 손을 가지런히 모으고 서 있는 유비를 보고 깜짝 놀라 일어났다. 유비를 곧바로 객실로 맞아들인 공명은, 의관을 정제하고 한참 뒤에 다시 나타났다.

이 때, 공명의 나이는 27세였다. 키는 8척이요, 머리에는 윤건을 쓰고, 옷은 학창을 입고 있었다. 길게 붙인 눈썹과 옥같이 맑은 얼굴은 보기에도 예삿사람 같지 않았다. 온화한 얼굴과 훤칠한 체구, 고귀한 품위는 대면하고 있는 상대에게 상쾌한 봄바람과 같은 향기를 풍겨 주었다.

유비는 두 손을 모아 예를 갖추어 인사했다.

"황실의 미미한 신하요, 탁군의 우둔한 몸, 유비라 하옵니다. 선생의 높으신 이름을 듣고 두 번이나 뵙기 위해 찾아왔지만, 오늘에서야 뵙게 되었습니다."

유비는 잠시 말을 멈춘 뒤, 이어서 말했다.

"지금 한나라 황실은 쇠퇴하여 간신들이 제 세상을 만난 듯이 활개를 치고 있습니다. 그러니 공명 선생, 제발 가르쳐 주시오. 이 어지러운 세상을 어떻게 하면 바로잡을 수 있는지를!"

공명은 두 눈을 감은 채 아무 말도 하지 않았다. 이윽고 두 눈을 뜨고 말문을 열었을 때, 그 목소리는 맑은 물소리처럼 상쾌하고, 듣는 이의 가슴을 파고드는 것 같았다.

"대단히 어리석은 말인지 모르겠습니다만, 참고 들어 주신다면 저의 의견을 말하겠습니다."

유비는 기뻐하며 공명의 대답을 기다렸다. 공명이 말했다.

"오늘날 천하는 어지러워질 대로 어지럽고, 셀 수 없이 많은 크고 작은 영웅들이 활개를 치고 있습니다. 이들 중에서 가장 실력 있는 자는 단연코 조조일 것입니다. 조조는 지금 100만 대군을 이끌고 황제의 이름을 빌려 호령하고 있으니, 조조와 싸워서 이기기는 쉽지 않을 것입니다. 그러나 오의 손권은 나라가 위험에 처해 있고, 백성들도 주군을 잘 따르고 있으니 오와는 손을 잡는 것이 유리합니다. 게다가 형주 지역의 태수 유표는 늙고 병이 많으며, 그의 아들 유종은 보잘것이 없습니다. 또한 이 형주의 서쪽 기주 지역은 물자가 풍부한 곳입니다. 만일 장군께서 큰일을 이루고자 하신다면, 먼저 형주를 쳐서 기반을 다지고, 이어 기주를 손에 넣어야 합니다. 그 다음 천천히 군사를 길러 중원으로 나가신다면, 반드시 큰일을 이룰 수 있으리라 생각합니다."

공명의 말을 들은 유비는 감탄하며 공명 선생께 거듭 감사의 예를 올렸다.

"공명 선생, 부디 이 유비 현덕이 나라를 세우는 데 힘이 되어 주십시오."

"하지만, 나는 아직 나이 어린 젊은이에 불과하오. 아직은 귀공을 도와드릴 힘이 없습니다."

유비의 부탁을 받은 공명은 점잖게 사양했다. 그러나 유비는 눈물을 흘리며 말했다.

"아, 선생! 선생이 일어서 주시지 않는다면, 이 커다란 이상은 실현되지 못할 것입니다."

공명은 두 눈을 지그시 감고 생각에 잠겼다. 곧이어 눈을 뜬 공명은 결연히 말했다.

"유비님의 뜻을 잘 알겠습니다. 이 미천한 공명이 유비님을 위하여 목숨이 붙어 있는 한 최선을 다하겠습니다."

마침내 공명은 27의 젊은 나이에 유비를 위한 맹세를 하고, 시골 암자를 나와 신야성으로 들어왔다.

하후돈의 공격

이 무렵, 조조의 권력은 황제를 능가하고 있었다. 헌제의 존재는 무시한 채 자신의 뜻대로 신하들을 임명하고, 정치의 실권을 한손에 쥐고 흔들었다. 또 군대를 늘리고, 인재들을 각 나라에서 불러모으는 한편, 무능한 관리들은 잇달아 추방시켜 버렸다.

어느 날, 조조는 참모들과 함께 회의를 하고 있었다.

"듣자 하니, 유비가 제갈 공명이라는 자를 새로 맞아들여 군사들을 훈련시킨다고 하던데, 우리가 어떻게 대응하는 것이 좋겠소?"

곁에 있던 부하 순기가 말했다.

"물론, 이대로 가만히 있다가는 큰 낭패를 보게 될 것입니다. 공명이란 자는 뛰어난 지략을 가진 자입니다. 저 같은 위인은 공명에 비한다면 새발의 피지요. 나라 어디를 둘러봐도 공명과 대적할 만한 자는 아무도 없습니다."

이 말을 들은 조조가 다시 물었다.

"순기, 그대는 공명이 훌륭한 인물이라는 것을 알면서 왜 나에게 추천하지 않았는가?"

"저는 공명이 27세의 젊은 나이라, 4,5년 후에 찾아갈 계획이었습니다. 공명이 아직 세상에 나올 생각이 없는 것으로 알고 있었으니까요. 그런데 유비 녀석이 이렇게 선수를 칠 줄이야……."

순기가 이렇게 공명을 칭찬하자, 장군 하후돈이 화가 난 듯 자리를 박차고 일어났다.

"승상, 이 하후돈이 보기에 공명은 젖비린내 나는 애송이에 불과합니다. 그러니 제가 유비를 토벌해 보이겠습니다."

이 말을 들은 조조는 공명을 한번 시험해 보고 싶었다. 그래서 하후돈에게 유비를 치라는 명령을 내렸다.

하후돈은 군사 10만 명을 이끌고 유비가 있는 신야성을 공격하기로 했다. 그러나 유비에게는 공명이 온 이후에 새로 백성들을 모아 훈련시킨 5천여 명의 군사밖에 없었다.

하후돈이 이끄는 대군이 신야성을 향해 오고 있다는 전갈을 받은 유비 일행은 곧 작전 회의에 들어갔다.

유비는 공명에게 대책을 물었다.

"저는 3개월 동안 밤낮을 가리지 않고 군사들을 최강의 부대로 만들기 위해 훈련시켰습니다. 그러니 군사들은 염려하지 않아도 됩니다. 제가 한 가지 근심스러운 것은 관우, 장비 두 장수가 저를 따르지 않는 것입니다. 이 두 장군이 제 명령대로 움직이지 않는다면, 싸움에서 결코 이길 수 없습니다."

유비도 여러 장수들이 젊은 군사인 공명의 명령을 듣지 않으려 한다는 사실을 잘 알고 있었다.

"지략은 공명 선생이요, 용맹은 관우와 장비요. 혹, 군사인 공명 선생의 말을 거역하는 자가 있다면 가차 없이 죽이리라!"

유비는 모든 장수들에게 이렇게 말했다. 공명이 다시 말을 이었다.

"이곳 신야성 건너에 박망파라는 지점이 있다. 이곳에서 하후돈의 군사들을 맞는다. 우선 관우 장군은 천오백여 명의 군사를 이끌고 왼쪽 산에 숨어 있다가, 적군이 절반 정도 통과하면 기습 공격을 하여

불을 지르도록 하시오. 또, 장비 장군은 역시 천오백여 명의 군사를
거느리고 오른쪽 숲 속에 숨어 있다가, 불꽃이 오르는 것을 보는 즉
시 적의 중앙을 돌파하도록 하시오. 그리고 조자룡 장군은 선봉에 서
시오. 그러나 절대 적군을 공격하지는 마시오. 적을 공격하는 척하다
가, 거짓 도주를 하여 적을 아군 속으로 깊숙이 꾀어 들이도록 하시
오.”

조자룡은 일찍이 유비가 여러 군사들을 거느리고 황건적을 토벌할 때
마다 나타나 유비를 도와주곤 하던 용사였다.

이틀 후, 하후돈이 이끄는 군사와 유비의 군사들이 박망파에서 부딪
쳤다. 높은 언덕에 올라 적진을 둘러보던 하후돈은 곧 웃음을 터뜨렸다.

“하하하, 저걸 보게. 병력도 겨우 이천 명이 될까말까 하군. 게다가
저렇게 형편없는 방어 태세를 갖추고 있다니. 순기 녀석, 공명이 뛰어

난 인물이라며 겁을 먹고 있더니, 별것도 아니군."

하후돈은 유비의 군사들을 단숨에 쳐부수려고 진두에 서서 적을 향해 내달렸다. 그러나 유비의 군사들은 적을 맞아 싸우는 척하더니, 이내 달아나기 시작했다.

"추격하라! 끝까지 쫓아가라! 한 놈도 살리지 말고 쳐부수어라!"

그러나 하후돈의 군사들이 깊숙이 들어오는 것을 본 유비의 군사들이 갑자기 공격을 하기 시작했다. 먼저, 왼쪽 산 나무 그늘에서 불길이 확 퍼져 왔다.

"불공격이다! 피해라!"

"복병이다! 복병이야!"

당황한 하후돈의 군사들은 오른쪽 숲 속으로 도망갔다. 그러나 이쪽에서도 와! 하는 함성과 함께 숨어 있던 장비의 군사들이 우르르 달려들었다.

"지금이다! 앞으로 돌격!"

유비와 조자룡이 이끄는 군대는 이 때를 놓치지 않고 화살을 퍼부었다. 전투는 새벽이 다 되어서야 끝이 났다. 보기 드문 대승이었다. 여러 장수들은 이제 한 사람도 공명 선생을 업신여기지 않게 되었다. 좀처럼 공명의 실력을 인정하지 않았던 장비도 탄복하고 말았다.

유비를 맞이할 때에는 전군이 질러 대는 함성으로 온 천하가 진동하는 것 같았다. 그러나 공명은 훌륭한 장수답게 승리에만 도취되어 있지 않고, 다음 일을 걱정했다.

"조조가 분명 가만 있지 않을 것입니다. 이번에는 우리를 가볍게 여겨 하후돈을 보냈지만, 다음번에는 자신이 직접 군사를 몰고 올지도 모릅니다."

이 말을 들은 유비가 말했다.

"그렇다면 공명 선생은 그를 맞아 이길 자신이 있소?"

"아니오, 없습니다."

"그렇다면 어떻게 하는 것이 좋겠소?"

공명 선생은 잠시 생각에 잠기더니 대답했다.

"형주의 태수 유표는 병세가 위독해 자리에서 일어나지 못하고 있습니다. 그러니, 유비님께서 형주성의 주인이 되셔서 그 군사들을 부하로 삼는 것이 좋을 듯합니다."

이 말을 들은 유비는 한숨을 길게 내쉬었다. 유표에게 누구보다 큰 은혜를 입은 자신이 유표의 나라를 빼앗아야만 하다니……. 그러나 공명의 의견대로 하지 않는다면 어떻게 조조를 이길 수 있겠는가?

조조가 쳐들어오다

하후돈이 참패했다는 소식을 들은 조조는 분개했다. 그래서 80만 대군의 출병을 명령했다. 그러나 신하 순기가 달려가 조조에게 말했다.

"80만이라는 병사를 움직이는 일에는 신중해야 합니다. 80만 병사라면 위나라가 세워진 이래 가장 큰 규모입니다. 군사의 수가 많다고 싸움에서 꼭 이기는 것은 아닙니다. 치밀한 작전도 세우지 않고 섣불리 전쟁을 일으켰다가는 오히려 패하고 말 것입니다. 그러니, 일 년 정도의 준비 기간을 두시고 더욱 깊이 생각해 보는 것이 좋을 듯합니다."

그러나 조조는 싸움에서 패한 것만을 생각하느라, 순기의 말은 들으려고도 하지 않았다.

드디어 조조는 자신이 직접 80만 대군을 이끌고 신야성을 향해 떠났다.

80만 대군, 그 어마어마한 군사들이 유비가 머물고 있는 신야성을 공격하기 위해 몰려오는 것이다. 아무도 입을 열어 말하지는 않았지만, 속으로는 조조의 군사들이 쳐들어온다는 사실에 매우 걱정하고 있었다.

공명은 결단을 내리고, 결연한 각오로 유비에게 말했다.

"이렇게 된 이상 어쩔 수 없습니다. 신야성을 버리는 수밖에요. 그리고 모두 번성으로 이동하는 것입니다."

공명은 곧 여러 장수들을 불러모았다.

"성 안의 백성들은 남녀노소를 막론하고 모두 피난시키시오. 관우 장군은 천여 명의 군사를 이끌고 백하 상류에 잠복해 있으시오. 내일 밤, 적군들이 백하 하류에 도착하거든, 둑을 무너뜨려 격류를 흘려보내면서 곧바로 총공격을 하시오. 장비 장군은 천여 명의 군사를 백하의 나루터에 숨겨 두었다가 관우 장군과 함께 적을 무찌르시오."

이어 공명은 조자룡 장군을 불러 명령했다.

"조자룡 장군!"

"예!"

"조자룡 장군은 먼저 삼천 명의 군사들과 함께 잘 말린 볏짚과 억새 등을 많이 준비하시오. 그리고 그것을 화약과 함께 신야성 곳곳과 망루에 올려놓으시오. 조조군이 우리가 버리고 간 신야성에 입성하면, 볏단 위로 불화살을 쏘아 성 안이 불바다가 되도록 하시오. 불길에 쫓긴 병사들이 성 밖으로 도망쳐 나오면, 그 때 총공격을 펼치시오."

이렇게 공명의 작전 계획에 따라 각 장군들과 병사들은, 맡은 일을 준비하기 시작했다.

한편, 조조는 총사령부를 원성에 두었다. 그리고 우선 조인, 조흥을 대장으로 하는 선발대 10만을 신야성 교외까지 진출케 했다. 정찰을 나갔던 병사들이 돌아와 상황을 보고했다.

"근처에 있는 산에서 청색과 적색 깃발이 나부끼고 있습니다. 아마 유비의 군사들이 진을 치고 있는 듯합니다. 그러나 그 수가 어느 정도인지는 알 수가 없었습니다."

장수 조인이 먼저 입을 열어 말했다.

"알겠다. 우선 내가 가 보도록 하겠다."

조인이 수하 병력 3만 명을 이끌고 행군을 시작했다. 사방이 산으로 둘러싸인 험난한 지형이었다.

그 때, 갑자기 한 봉우리에서 적색 깃발이 움직이는 것이 보였다. 그에 대답이라도 하듯 반대편 산에서 청색 깃발이 흔들렸다. 이것을 본 조인은 부하들에게 말했다.

"절대 먼저 공격하지 마라. 저쪽에서 먼저 공격할 때 대응해도 늦지 않다."

그러나 한참을 지나도 적병은 나타나지 않았다. 적군이 보이지 않자 군사들은 더 불안해졌다.

태양은 어느 새 사라지고, 동쪽 봉우리에 하얀 저녁달이 떠올랐다. 이 때, 깎아지른 듯한 절벽 꼭대기에서 소라를 부는 소리가 들렸다.

"전쟁터에서 소라를 불다니…… 이상한걸."

조인은 무엇이 있는지 알아보기 위해 언덕으로 올라가 보았다. 산봉우리 위에서는 대장 유비와 제갈 공명이 함께 술을 마시고 있었다. 이 광경을 본 조인은 어이가 없었다. 싸움터 한가운데서, 그것도 적군이 코앞에 닥친 상황에서 술자리라니……

"고얀 녀석들! 나를 속이려고 이제는 별 꾀를 다 생각해 냈구나."

조인은 조롱당한 기분이 들자 울컥 화가 치밀었다.

"자, 공격하라! 한 놈도 남기지 말고 처치해라!"

조인은 큰 소리로 명령을 내렸다. 그러자 호령이 떨어지기가 무섭게

와! 하는 함성을 지르며 병사들이 깎아지른 절벽을 기어오르기 시작했다. 그러나 이 때를 기다렸다는 듯이 산꼭대기에서 바위와 나무 등걸이 빗발치듯 굴러 내려왔다.

눈 깜짝할 사이에 조인의 군사 천여 명이 골짜기 밑으로 떨어지고 말았다. 군사 7만 명을 이끌고 뒤따라오던 조홍은 이것을 보고 조인에게 소리쳤다.

"조인 장군, 이것은 유치한 작전이오. 이런 작전에 휘말리면 우리만 낭패를 볼 뿐이야. 어서 신야성으로 군사들을 이끄시오. 신야성만 빼앗으면 우리가 이긴 거니까!"

조홍과 조인은 곧바로 신야성으로 향했다. 그러나 신야성에 당도해 보니, 사람이라곤 그림자조차 얼씬도 하지 않았다. 집들은 텅 비어 있었다.

"유비 녀석, 백성들을 모두 데리고 도망을 쳤구나!"

"하하! 하하하! 겁쟁이 녀석들. 이 성은 이제 우리 것이다. 하하! 하하하!"

조인과 조홍은 서로 얼굴을 마주 보며 웃음을 터뜨렸다. 유유히 말을 몰아 성 안으로 들어가니, 군사들은 벌써 잔치를 벌일 준비를 하고 있었다. 이 때, 망루 위에 올라가 있던 병사 하나가 다급하게 소리쳤다.

"불이야! 불이야!"

이 소리를 듣고 당황한 장졸들이 자리에서 일어나려 하자, 조인이 붙들며 말했다.

"아, 별일 아니겠지. 음식을 만드느라 불을 피우다가 잠깐 불똥이라도 튄 모양이야."

그러나 곧이어 여기저기서 소리를 지르며 우왕좌왕하기 시작했다.

"서문에 불이 났다!"

"북문이다. 북문에 불이 났다. 어서 물을 가져 와!"

"남문에 불이 번졌다. 남문에 불이 났다!"

얼마 지나지 않아 성 안은 온통 불바다를 이루었다. 비명을 지르며 뛰어다니는 병사들 소리, 놀란 말들이 울부짖는 소리로 성 안은 아수라장이 되고 말았다.

그 때 어디선가 다급하게 외치는 소리가 들렸다.

"적이다! 적이 성 안에 있다!"

이 소리를 들은 조인과 조홍은 밖으로 뛰쳐나왔다. 그러나 때는 이미 늦었다. 자욱한 검은 연기에 휩싸인 성 여기저기서 갑자기 꽝! 꽝! 하며 폭죽이 터지는 소리가 들렸다.

"동문으로 가자. 동문으로!"

"동문에는 불이 없다. 다들 동문으로 피해!"

군사들은 비명을 지르고, 아우성을 치며 동문으로 급히 몰려갔다. 헤아릴 수 없이 많은 수의 군사들이 다투어 좁은 문을 통과하려고 서로 밀치고 짓밟으며 아우성쳤다.

이 때 병사들의 머리 위로 불벼락이 쏟아졌다. 게다가 동문 밖에 대기하고 있던 조자룡 장군의 정예병이 성문을 빠져 나온 군사들을 상대했다.

조조군은 제대로 싸워 보지도 못하고, 백하의 변두리까지 정신 없이 도망쳤다. 그러나 이것이 끝이 아니었다. 상류에는 관우의 병사들이 잠복해 있었던 것이다.

"공격하라! 공격하라! 한 녀석도 남기지 말고 모두 해치워라!"

관우가 명령을 내리자, 군사들은 미리 쌓아 두었던 둑을 일제히 허물어뜨렸다.

홍수와 같은 거대한 물살이 캄캄한 어둠 속에서 소용돌이치자, 불을 피하기 위해 강가에 뛰어들었던 병사들은 물살에 휩쓸려 목숨을 잃고 말았다.

간신히 목숨을 건진 조인과 조홍 장군을 비롯한 수천 명의 군사들은 겨우 나루터까지 도망칠 수 있었다. 그러나 갑자기 청천벽력 같은 고함 소리가 들렸다.

"조조의 군사들아, 유비의 군사들과 맞서 싸우지 않고 어디로 도망가 느냐! 자, 덤벼라! 장비가 여기 있다!"

용케 불과 물을 피해 목숨을 건졌던 병사들이지만, 고래고래 소리를 지르며 뛰쳐나오는 장비의 칼을 당해 낼 수는 없었다.

조인과 조홍 장군은 몇몇 군사들의 호위를 받으며 겨우 죽음만은 면할 수 있었다.

신야성을 버리고

신야성에서의 참패 소식을 들은 조조는 공명에 대한 증오심으로 불타 올랐다.

"공명 녀석! 애송이 녀석이 나 조조를 갖고 놀려고 하다니……. 가만히 당하고만 있지 않겠다!"

조조는 온몸을 부르르 떨며 이를 갈았다.

곧이어 조조는 70여 만 명의 대군을 이끌고, 유비가 들어간 번성을 공격하기 위해 길을 떠났다.

조조의 대군이 쳐들어온다는 전갈을 받은 공명은 다시 새로운 전략을 세우기 시작했다.

"주군, 이 곳을 버리고 다른 곳으로 옮겨야 합니다. 어쩔 수 없이 강릉으로 갑시다."

그러나 이 말을 들은 유비는 고민하지 않을 수 없었다. 강릉은 너무 먼 곳이었다. 게다가 신야성에서부터 따라온 수많은 백성들을 어떻게 한단 말인가.

"조조의 군사들을 피해 다른 곳으로 가는 것은 반대하지 않겠소. 그러나 이 많은 백성들은 어떻게 하면 좋겠소? 아녀자와 노인들까지 있는데 말이오."

공명은 쉽게 대답할 수 없었다. 그렇다고 버려 둘 수도 없는 백성들이다. 백성들을 데리고 움직인다면 조조를 피해 달아나기는커녕 얼마 못 가 잡히고 말 것이다. 이윽고 유비가 단호히 말했다.

"데리고 가겠다. 버릴 수 없다!"

이 말을 들은 공명도 반대할 수 없었다. 유비 일행은 수만 명의 난민을 이끌고 피난길에 올랐다. 유비는 자기를 믿고 따라오는 백성들을 뿌리칠 마음이 조금도 없었다. 하룻동안에 10리나 20리를 간신히 갔다.

드디어 공명은 애가 타서 유비에게 말했다.

"주군, 이 곳은 몸을 감출 곳도 없는 평야입니다. 이 평야에서 조조의 군사들에게 둘러싸이게 된다면, 한 사람도 살아남지 못하고 전멸할 것입니다. 그러니 백성을 버리십시오."

그러나 유비는 완강한 목소리로 말했다.

"그렇게는 할 수 없소, 공명. 이 가련한 백성들을 어떻게 버릴 수 있겠는가? 이 백성을 버리고 어떻게 나 혼자 살기를 바라겠는가? 백성이 있어야 군주도 있고, 나라도 있는 법이오. 나는 백성들과 뜻을 함께 하겠소."

이 말을 전해 들은 백성들은 또 한 번 유비의 인품에 탄복하며 눈물을 흘렸다.

이 때, 유비를 쫓으려던 조조는 생각을 바꾸어 형주성을 공격했다. 유표가 죽고 새로운 성주가 된 유종은 곧바로 항복해 버리고 말았다.

그로부터 열흘이 지난 뒤, 조조는 다시 유비를 추격하라는 명령을 내렸다. 유비의 군사들과 백성들로선 강릉으로 가는 길은 멀기만 했다. 조조군이 쳐들어온다는 소식을 듣고 길을 떠난 지도 어느덧 열흘이 지났다. 하지만 강릉까지는 채 반도 가지 못했다. 이대로 가다가는 언제쯤 강릉에 도착할지도 모르는 일이었다.

유비는 유표의 동생 유기에게 구원군을 요청하러 간 관우가 염려되어 공명을 불러 말했다.

"공명 선생, 유기에게 군사를 청하러 간 관우가 어떻게 됐는지 전혀 알 수가 없구려. 그러니, 선생이 가 보시지 않겠소?"

"그렇게 하겠습니다."

공명은 병사 오백 명을 거느리고 다시 강하를 향해 떠났다. 공명과 헤어진 지 이틀째 되는 날, 유비는 저 멀리 후방에서 함성이 들리는 듯했다. 유비는 불길한 생각이 들어 백성과 군사들을 재촉했다.

어느덧 밤이 되어 온 하늘에 별이 반짝거리고 있었다. 어느 쪽에선가 갑자기 우와! 하는 우렁찬 함성이 들렸다. 깜짝 놀란 유비는 곧바로 수레에서 일어나 사방을 둘러보았다.

그 때, 맨 뒤를 방어하고 있던 장비가 유비를 향해 고함을 쳤다.

"주군, 동쪽으로! 빨리 동쪽으로 가십시오!"

상황이 매우 위급하다는 것을 깨달은 유비는, 말에 오르며 장비에게 소리쳤다.

"부탁한다, 장비!"

그리고 군사들을 향해 큰 소리로 외쳤다.

"나를 따르라! 모두 나를 따르라!"

유비는 말고삐를 당겨 쏜살같이 앞으로 달리기 시작했다. 어둠 속을 꿰뚫고 사방에서 화살이 날아왔다.

"저 녀석이 유비다!"

"놓치지 말고 잡아라!"

"멈춰라!"

유비의 뒤를 쫓아오는 적군들은 유비를 잡기 위해 전력을 다했다. 유비는 새벽이 될 때까지 쉬지 않고 도망쳤다. 온몸이 지쳐서 말고삐를 쥘 힘도 없었다. 얼핏 돌아보니 유비의 뒤를 따르는 병사는 백여 명에 불과했다.

"아! 내가 백성을 버리다니……."

유비는 곧 절망감에 빠지고 말았다. 뒤이어 장비가 피투성이가 된 채 달려왔다. 장비는 다가오자마자 군사 한 명을 붙들고 물었다.

"조자룡은 어디로 갔느냐? 미부인과 어린 군주를 모시고 있던 조자룡은?"

"조자룡 장군이 적군 속을 꿰뚫고 빠져 나가는 것을 보기는 했지만……."

군사는 더 이상 대답하지 못했다.

"이런 비겁한 녀석! 끝까지 싸우려 하지 않고 도망쳐 버리다니!"

장비는 조자룡이 도망친 것이 분명하다고 생각하고는 화가 나서 아우성쳤다.

그러나 조자룡은 도망친 것이 아니었다. 칠흑 같은 어둠 속에서 미부인과 아두를 놓친 조자룡은, 두 사람을 찾기 위해 적군들과 맞서며 뛰어다녔다. 주군의 부인과 아들을 놓쳐 버리고, 무슨 면목으로 다시 주군을 뵐 수 있으랴.

"미부인! 아두!"

조자룡은 지옥 같은 아수라장 속에서 미부인과 아두를 찾기 위해 두 사람의 이름을 부르짖었다. 이미 사방은 적으로 둘러싸였지만, 미부인과 아두를 찾는 데 혈안이 되어 있는 조자룡의 눈에는 아무것도 보이지 않았다.

그 때, 피투성이가 된 채 땅바닥에 뒹굴고 있던 백성 하나가 조자룡을 보고 말했다.

"어떤 귀부인이……. 저쪽 농가에서 어린아이를 안은 채 쓰러져 있습니다."

말을 마치자마자 푹 쓰러져 숨지고 말았다. 조자룡은 바람같이 말을 몰아 그 곳으로 달려갔다. 불에 탄 집 한 채가 서 있고, 그 속에서 어린아이의 울음소리가 들려왔다. 조자룡은 말에서 급히 뛰어내려 울음소리가 나는 곳을 찾기 위해 두리번거렸다.

"미부인! 아두!"

울타리를 뛰어넘어가 보니, 온몸이 피투성이가 된 미부인이 쓰러진 채 아이를 품에 안고 있었다.

"미부인! 미부인!"

조자룡이 미부인을 흔들어 깨우자 미부인은 간신히 눈을 뜨고, 조자룡을 바라보았다. 그리고 힘겹게 입을 열어 말했다.

"이 어린아이를……."

미부인은 말을 다 마치지도 못한 채 고개를 떨구었다.

"알겠습니다. 안심하십시오, 미부인!"

조자룡은 미부인이 하려던 말의 뜻을 알아듣고 큰 소리로 대답했다. 그리고 곧 아두를 껴안고 다시 말 위에 올랐다.

이미 주위에는 적군들만이 가득했다. 조자룡이 발을 내딛는 곳마다 적군들이 달려들었다. 그러나 주군의 어린 아들을 지켜 내야만 한다는 조자룡의 일념은 초인적인 힘을 발휘하게 했다.

조자룡은 덤비는 적군들에게 마구 칼을 휘두르며 사지를 뚫고 나가고자 애썼다. 수많은 조조의 군사들에게 쫓기며 조자룡은 장판파라는 지점까지 당도했다.

그 다리 위에 버티고 서서 거대한 사모창을 옆구리에 끼고 있던 장비가, 피투성이가 되어 달려오는 조자룡을 보았다.

"장비! 장비! 어서 나를 도와주게!"

"조자룡! 기다리게, 조자룡!"

장비는 세차게 말을 몰아 조자룡이 있는 곳으로 달려갔다.

"조자룡, 어서 저 다리를 건너라!"

조자룡이 다리를 건너자 장비는 곧바로 적병들을 맞아 창을 휘둘렀다.

"저자가 장비인가?"

"아아, 저 사람이 장비?"

쳐들어왔던 적병들은 장비의 모습만 보고도 웅성대기 시작했다.

그러나 죽을 각오를 하고 사모창을 휘두르는 장비를 당해 낼 자는 아무도 없었다. 장비가 창을 한 번 휘두를 때마다 적병들은, 마치 날리는 종잇장처럼 땅바닥에 떨어졌다.

조조의 군사들을 손쉽게 해치운 장비는, 유비가 은신하고 있는 곳으로 돌아왔다. 그 곳에는 강하에 갔던 관우가 유기로부터 일만 명의 병사를 지원받아 도착해 있었다.

병사들을 이끌고 한강가에 다다르니, 뱃머리의 선두에 제갈 공명이 늠름한 기상을 뽐내며 서 있는 것이 보였다. 유비는 목이 터져라 환호성을 질렀다. 이렇게 하여 유비는 다시 충성스런 부하들의 호위를 받으며, 유기가 다스리는 강하성으로 들어갔다.

사신 노숙의 방문

유비 일행을 잡지 못한 조조는 곧바로 형주, 강릉으로 군사를 이끌고 가서 유표의 영지를 거의 다 차지해 버렸다.

유비는 조조의 세력이 더욱 커진 것이 못내 불안하였다. 그러나 공명은 웃음을 띠며 말했다.

"가만히 계십시오. 지금 조조가 100만 대군을 이끌고 왔는데 오나라의 손권이 가만히 있겠습니까? 얼마 안 가서 우리를 찾아올 것입니다."

공명의 말을 들은 유비는 기다려 보기로 했다. 신야성을 버리고 강릉으로 향하던 길에 대패를 당하고 만 유비는, 확실한 거점이 없이 떠돌아다니는 신세가 되었다. 조조는 떠돌이 유비를 공격하는 대신, 오나라를 쳐서 천하를 통일하겠다는 야망에 불타고 있었다.

그렇다면 오는 어떤 나라인가? 오나라는 양자강 남쪽 일대에 자리잡고 있었다. 장사의 태수 손견이 나라를 세우고, 그의 맏아들 손책 때에 동으로 뻗어 넓은 영지를 차지하였다. 이 손책이 26세라는 젊은 나이에 병사했으므로, 그 둘째 아들 손권(자는 중모)이 그 뒤를 이어받았다.

손권은 눈이 푸르고 입이 크며 수염을 기르고 있었다. 사람을 잘 칭찬하지 않는 조조마저도,

"아들을 둔다면 손권만큼 됐으면 좋겠다."

라는 말을 했다고 한다. 이것만 보더라도 손권이 어떠한 인물이라는 것을 능히 알 수 있을 것이다.

그런데 조조는 100만 대군을 이끌어 형주를 치고도 허창으로 돌아가려 하지 않고, 양자강 북안에 계속 머물며 수군들을 훈련시켰다. 손권은 두려운 생각이 들었다.

이러한 정세를 간파한 공명이 유비에게 말했다.

"주군, 드디어 대국을 세울 기회가 왔습니다."

"그게 무슨 말인가? 우리는 지금 성을 잃고 여기까지 쫓겨오지 않았소? 게다가 멀지 않은 곳에 대군을 주둔시킨 채 물러나지 않은 조조가 공격해 오면, 우린 하루아침에 당하고 말 것이오."

이 말을 들은 공명이 대답했다.

"아닙니다, 주군. 조조의 생각이 무엇인지 확실히 알게 되었습니다. 조조는 우리와 싸우지 않을 것입니다. 그 전에 오나라의 손권과 먼저 싸우려 할 것입니다."

"하지만 오는 조조와 싸우지 않을 거요. 그건 누가 봐도 무모한 짓이니까."

"하긴, 오에는 현명한 사람들이 많으니 자기 주군에게 절대로 싸우면 안 된다고 충고할 것입니다. 그러나 우리는 조조와 손권이 싸우도록 만들어야 합니다. 그래서 오나라가 조조를 이길 수 있도록 해야 합니다. 그 다음에 우리가 그 틈을 타서 촉나라를 세우는 것이지요."

공명의 계략을 들은 유비는 곰곰이 생각하더니, 이윽고 고개를 들어 공명을 바라보며 물었다.

"그런데 누가 그 일을 한단 말인가?"

공명은 얼굴 가득 웃음을 띠며 대답했다.

"제가 하겠습니다. 제가 저의 세 치 혓바닥을 놀려 반드시 조조와 손권이 싸우도록 해 보겠습니다. 조만간 오나라에서 누군가가 우리를 방문할 것입니다."

공명의 목소리는 당당하였다. 모두 공명의 계략을 미심쩍어하고 있을 때, 오나라에서 노숙이라는 사신이 유비를 찾아왔다. 사신 노숙을 환영하는 자리에서 노숙은 유비에게 여러 가지를 묻기 시작했다.

"조조는 이 대륙 전부를 자기 손아귀에 넣으려는 대야망을 가지고 있습니다. 조조의 휘하에는 몇 명의 장수가 있습니까?"

"글쎄요……."

"조조가 가지고 있는 병력은 모두 합해 얼마쯤 됩니까?"

"잘 모르겠습니다."

무엇을 물어 봐도 유비는 멍청한 표정을 지었다. 공명이 그렇게 하라고 충고했기 때문이다. 유비의 무성의한 태도에 노숙은 기분이 상했다.

"몇 차례나 조조와 싸운 경험이 있으신 성주께서 적에 관하여 이 정도 정보도 갖고 있지 않다니……."

"아, 저는 잘 모릅니다. 늘 도망만 다녀서요. 조조 군대의 깃발만 보여도 줄행랑을 치곤 했지요. 공명에게 한번 물어 보세요."

이렇게 해서 공명이 술자리에 불려 나왔다. 그러나 공명도 노숙의 질문에 대답하지 않았다. 가만히 듣고만 있던 공명은 갑자기 딱 잘라 말하는 것이었다.

"오나라는 지금 바람 앞의 촛불과 같은 신세입니다. 만약 우리 주군께서 고집을 꺾고 조조와 수교를 한다면, 조조는 주저하지 않고 오나라를 공격할 것입니다."

이 말을 들은 노숙은 전율이 느껴지며 섬뜩해졌다. 이윽고 마음을 가다듬은 노숙이 말했다.

"그런 일이 생긴다면 저희 오나라도 앉아서 당하고만 있을 수는 없지요. 공명, 귀공의 의견을 듣고 싶소."

그러자 공명 선생이 입을 열어 말했다.

"제 의견은 오나라에 가서 말하겠습니다."

"오나라에서요? 공명께서 저희 나라에 오시겠습니까?"

공명은 말없이 고개를 끄덕였다.

사흘 후, 공명은 홀로 노숙과 함께 오나라의 배를 타고 성을 떠났다.

'호위하는 군사 한 명 없이 홀로 배를 타다니……'

노숙은 공명의 기백에 혀를 내둘렀다.

세 치 혀의 힘

노숙이 유비에게 간 사이, 오나라의 젊은 군주 손권은 조조로부터 다음과 같은 편지를 받았다.

> 지금 이 사람은 천자의 칙명에 의해 사방을 평정하고, 100만 대군과 장수 천여 명을 거느리고 있소. 천자가 내려 주신 정기가 한 번 남으로 가자, 형주, 양양의 백성들은 바람같이 몰려와 항복하였소. 다시금 장군과 함께 강하에 사냥을 나가, 잡은 것을 의좋게 나누어 오래 우의를 지키고자 하오. 곧 답서를 주오.

겉으로 봐서는 손권과 손을 잡고 강하의 유비를 쳐서 영지를 나누자는 내용이었다. 그러나 뒤에는 날카로운 창이 숨겨져 있었다. 순순히 항복하여 복종하지 않으면 오나라도 쳐 버리겠다는 협박 편지였던 것이다.

손권은 곧 신하들을 불러 모아 회의를 열었다. 한 장수가 나서며 말했다.

"조조의 군사는 100만 대군입니다. 우리가 아무리 맞서 싸운다 한들 결코 이길 수 없을 것입니다. 그러니, 항복하는 것이 지혜로운 일인 줄 아뢰오."

그러자 다른 장수가 나서며 강하게 반대했다.

"군주 손견께서 나라를 세우신 이래 3대째 이어오는 국운입니다. 그 국운이 융성한 지금 항복이라니, 말이 됩니까?"

회의실은 각자 자기의 주장이 옳다고 큰소리치는 신하들로 혼란스러웠다. 이 때 노숙과 공명이 도착했다는 전갈이 왔다.

한편, 공명은 하늘 높이 십여 개의 누각이 우뚝 솟아 있는 오나라의 시상성으로 조용히 발걸음을 옮기며 생각에 잠겼다.

'이 곳은 사자 굴이나 다름없다. 사자 굴 속에 홀로 발을 내디뎠으니 살아서 돌아갈 수 있을는지…….'

그러나 공명은 자신의 목숨을 아까워하지 않았다. 어떻게 해서든 오나라와 조조가 싸우도록 만들어야 했다.

'어떻게 해야 하나?'

공명의 마음속에는 오직 이 생각뿐이었다. 공명이 회의실에 도착하니, 손권이 문무 백관을 거느리고 공명을 맞을 준비를 하고 있었다.

손권을 본 공명은 먼저 두 손을 모으고 예를 갖추어 절했다. 먼저 노숙이 손권 앞으로 나아가 인사를 올리며 말했다.

"조조의 힘을 자세히 알고 있는 제갈 공명을 데리고 왔습니다. 만나서 그의 의견을 들어 보십시오."

노숙이 말을 마치자 손권이 공명을 보며 물었다.

"자네가 공명인가?"

"예, 그렇습니다."

손권은 조조에게 항복하고 싶은 마음이 눈곱만큼도 없었다. 그러나 조조의 세력이 어느 정도인지 알수 없어 고민이었다. 그러던 차에 공명을 보자 속으로 크게 기뻐하였다.

자리에 앉은 공명은 손권의 얼굴을 한참 동안 바라보았다. 공명은 한눈에 손권이 어떤 인물인지 간파했다.

'손권은 감정이 격하고 성질이 급하다. 그러니 감정을 부추기는 것이 좋겠다.'

손권도 공명이 어떤 인물인지 알고자 그의 얼굴을 지켜보았다. 이윽고 손권이 공명에게 물었다.

"조조는 어떤 자인가? 그리고 조조가 가지고 있는 병사는 어느 정도인가?"

가만히 입을 다물고 있던 공명이 말했다.

"백만 혹은 그 이상입니다."

"말로만 위세를 부리는 것은 아닌가?"

"아니오. 처음엔 원주와 청주를 합세해 4, 5만을 가지고 있었습니다만, 원소를 쳐서 4, 50만, 다시 중원에서 군졸을 모집하여 2, 30만, 지금 또 형주에서 2, 30만을 합친다면 그의 병력이 150만쯤 되고, 여러 장군들까지 합한다면 그 정도의 군사를 보유하고 있는 것은 사실입니다."

"그렇다면 따르는 장군은 몇 명 정도 되는가?"

"뛰어난 무장은 약 2, 3천 명, 그중에서 지모와 가공할 만한 용맹을 지닌 인물만 골라내도 4, 50명은 족히 될 것입니다."

"자네 같은 장수는 어떤가?"

이 말을 들은 공명은 주저 없이 대답했다.

"저 같은 자는 무수히 많습니다."

손권은 다시 물었다.

"조조가 양자강 북안에 머물며 많은 배를 모으고 있는 이유는 무엇인가? 자네는 예측할 수 있는가? "

공명은 힘 있는 목소리로 말했다.

"조조의 군사들은 수륙 양군으로 갈라져 오나라를 공격하려는 것입니다.”

“공명 선생, 자네라면 이 일을 어떻게 하시겠소? 선생의 의견을 들려주시오.”

“위대하신 부친과 형님의 뜻을 이어받아 군주께서는 강성한 나라를 이루셨습니다. 그러나 조조가 가지고 있는 병력에 비한다면 백분의 일도 안 되는 작은 규모입니다. 그러니 조조와 맞서 싸운다는 건 상상조차 할 수 없는 일이지요. 하지만 조조와 싸울 실력을 갖추고 있는 나라는 단 하나, 오나라뿐입니다. 그럼에도 장군께서는 싸워야 할지, 말아야 할지를 고민하고 계시는군요. 장군께서 싸우지 않는 방법은 단 한 가지입니다.”

이 말을 들은 손권은 귀가 번쩍 뜨여 다급히 물었다.

“무엇인가? 조조와 싸우지 않을 수 있는 한 가지 방법이……?”

“항복!”

공명은 망설이지 않고 잘라 말했다.

“항복이라고?”

부모의 무덤 앞에 공손히 절하는 것 외에는 아직 누구에게도 머리를 숙여 본 적이 없는 젊은 군주 손권, 그런데 조조에게 무릎을 꿇고 엎드려 절을 하라니, 손권의 얼굴은 금세 붉으락푸르락하였다.

손권은 분노를 억누르며 힘겹게 입을 열었다.

“공명 선생 말대로라면 유 황숙은 어째서 조조에게 항복하지 않는가?”

“그건 이야기가 다릅니다. 적어도 유 황숙께서는 한나라 황실의 친척입니다. 만인이 그분의 덕을 숭상하고 있지요. 그리고 싸움에서 이기고 지는 것은 천명이 정하는 것입니다. 그러니 역적 조조 따위에게 머리를 조아리며 항복하실 분이 아닙니다.”

이 말을 들은 손권은 더 이상 화를 참지 못하고, 자리에서 벌떡 일어나 안으로 들어가 버렸다. 공명을 데리고 온 노숙은 주군이 화가 난 것이 자기 책임인 것 같아 어찌할 바를 몰랐다. 그러한 노숙을 보며 공명이 말했다.

"조조를 쳐 버릴 계획이 있었는데, 그 말은 듣지도 않고 들어가 버리시는군요. 자신의 감정을 잘 다루지 못하시는 분인 듯합니다."

이 말을 들은 노숙도 그제서야 공명의 뜻을 알아차리고, 손권을 설득하여 다시 회의실로 데리고 왔다.

"조조를 타도할 방법이 있다고 하셨소?"

"물론 있고말고요. 이 제갈 공명, 단 하루에 백만 대군을 산산히 쳐부술 계략이 있습니다."

"그게 무엇이오?"

공명은 손권의 두 눈을 마주 보며 말했다.

"유 황숙이 당양에서 패한 것은 10만 백성들 때문이었습니다. 지금은 군졸들도 다 가 버리고, 강구 하구의 수만과 합세하고 있습니다. 조조의 대군은 먼 길에 지쳐 있고, 더욱이 북국에서 자란 군졸들이라 배에는 어둡습니다. 만일 장군께서 유 황숙과 합세한다면, 반드시 적을 전멸시킬 수 있을 것입니다."

공명의 이야기를 다 듣고 난 손권의 눈빛이 비로소 형형히 빛났다. 그리고 자리를 박차고 일어나 큰 소리로 외쳤다.

"비겁하게 물러서지 않겠다! 자, 전쟁이다! 전쟁 준비를 하라! 조조를 정벌하러 가겠다!"

그러나 이 말을 들은 오나라의 군사들은 쉽게 믿으려 하지 않았다.

"뭐, 전쟁이라고?"

"위나라와 전쟁을 시작한대."

"조조의 십만 대군과 우리가 싸운다고?"

군사들의 혼란은 이만저만이 아니었다. 그만큼 오나라가 조조와 싸울 거라고는 아무도 생각하지 못했던 일이었다.

손견, 손책, 손권의 삼 대를 섬기고 있는 오국 제일의 중신 장소도 손권 앞에 나아가 이렇게 간했다.

"오와 조조는 별로 사이가 나쁘지도 않은데, 공명의 꾀에 속아 쓸데없이 싸우려 하십니까? 주군께서는 백성의 괴로움도 아울러 살피소서."

그러나 한번 결심을 굳힌 손권은 장소의 의견을 받아들이려고 하지 않았다. 이에 장소는 다시 한 번 간하였다.

"황공하오나 앞서 조조 때문에 멸망한 하북의 원소를 생각해 보소서. 원소는 우리 오나라의 세 배 이상 되는 군사를 가지고 있으면서도 끝내 지고 말았습니다. 아무쪼록 공명의 꾀에 속아 섣불리 전쟁을 일으키려는 명령을 거두어 주소서."

그러나 손권은 좀처럼 장소의 말을 들으려고 하지 않았다. 결국 장소는 손권에게 이렇게 아뢰었다.

"주군, 그러시다면 마지막으로 주유와 상의를 한 후에 다시 뜻을 세우신다 해도 늦지 않을 것이라 생각합니다. 돌아가신 손책 주군께서도 말씀하지 않으셨습니까. 국내 문제는 장소에게 묻고, 전쟁에 관해서는 주유에게 물으라고 말입니다."

이 말을 들은 손권은 주유의 의견을 묻기 위해 그를 불렀다.

공명의 지혜

손권이 보낸 신하가 도착하기 전에, 공명이 먼저 주유를 만나고 있었다. 주유의 자는 공근이었다. 옥같이 아름답고 맑은 얼굴에 영특함이 엿보이는 장수로, 손권의 형인 손책과 같은 나이였다.

주유는 24살의 젊은 나이에 중랑장이라는 수군의 총사령관이 되었다. 공명은 손권이 주유와 이 문제를 상의할 것이라는 사실을 미리 간파한 것이다. 그러나 공명을 본 주유는 곧 공명의 속셈을 꿰뚫어 보고 거침없이 말했다.

"공명 선생, 오나라와 조조의 싸움을 부추기시더니, 이번에는 이 주유를 부추기려 오셨습니까?"

그러나 공명은 당황하는 기색 하나 없이 이렇게 말했다.

"아니오. 오나라가 위나라와 싸우려는 것이 옳은 결정인지, 주군과 잘 상의해 보라고 권유하는 것입니다. 조조는 병법의 대가입니다. 뿐만 아니라, 그 부하인 여러 장군들도 실전 경험이 풍부한 용맹스런 장군들입니다."

공명은 말을 멈추고 잠시 주유의 얼굴을 살핀 뒤 다시 말을 이었다.

"그러나 오나라의 장군들은 어떻습니까? 실제 전투를 해 본 장군이 몇 명이나 됩니까? 게다가 자기 자신만을 위하는 한심한 장군도 있습니다. 이런 사람들이 10만의 군사를 이끌고 나간다 한들, 결코 조조군을 이기지 못할 것입니다. 그러니 조조와 싸우는 것보다는 항복하는 편이 오나라를 위해 더 낫다고 생각합니다."

공명은 진심어린 표정으로 말했다. 그러나 주유는 불쾌함을 참을 수 없었다. 그래서 공명에게 말했다.

"그렇다면 공명, 그대는 이 주유도 나라와 백성을 위하지 않고 자기만을 생각하는 신하라 생각하시겠군요. 하긴, 이 사람도 전쟁터에 직접 나가 싸워 본 적은 없소이다. 그러나 수군과의 싸움에 대비해 십여 년 동안 훈련을 해 오고 있소. 조조는 아직 수군과 싸워 본 적이 없지 않습니까?"

주유의 말이 끝나자 공명이 말했다.

"그러나 옛 어른들도 일을 시작하기 전에는 세 번 고쳐 생각해 보고 행하라고 하셨습니다. 그만큼 큰 일을 시작하는 데에는 신중하라는 뜻이겠지요."

공명의 말을 듣고 난 주유는 가슴을 펴며 당당하게 말했다.

"이 사람은 이제까지 세 번뿐만 아니라 열 번도 더 넘게 생각했습니다. 싸워야 할 것인지 말아야 할 것인지 결정하는 문제를 말입니다. 자, 이 순간 저는 결단을 내렸습니다. 지금 당장 조조가 있는 대하로 우리의 수군들을 출동시켜, 조조의 군사들을 모두 물귀신으로 만들어 버리겠소. 두고 보시오, 공명 선생!"

주유와 공명이 서로 이런 이야기를 나누고 있을 때, 손권이 보낸 신하가 찾아와 주유에게 손권이 부른다고 알려 주었다. 즉각 수레를 타고 성안으로 들어간 주유는 소리 높여 외쳤다.

"주군, 왜 조조 따위에게 겁을 내십니까? 우리에게는 수십 년간 훈련을 쌓은 수군이 있습니다."

장소를 비롯해 항복을 하자고 주장했던 무리들은 주유의 의견에 당혹감을 감추지 못했다. 그러나 주유는 이에 아랑곳하지 않고 당찬 어투로 말했다.

"조조가 이 나라를 깔보고 있습니다. 제아무리 대군이라 해도 북국 태생이라 배에 약하고, 지금은 겨울이어서 말에게 먹일 풀도 없습니다. 더욱이 이곳 기후에 익숙하지 못한 군사들이 물가에 진을 치고 있기 때문에, 병을 얻는 무리들도 생겨날 것입니다. 소신이 앞장서 군사들을 이끌고 나아가 적을 물리치겠습니다. 주군 앞에 조조를 사로잡아 보이겠습니다."

주유의 말을 들은 손권은 매우 흡족했다. 곧 여러 신하들을 둘러보며 말했다.

"그렇소, 주유. 나도 주유와 같은 의견입니다."

그는 허리에 차고 있던 검을 들어, 앞에 놓여 있던 책상을 내리쳐 두 동강 냈다. 그리고는 우렁찬 목소리로 외쳤다.

"지금부터 항복을 권하는 자는 이 책상처럼 베어 버리겠다!"

이어 그 자리에서 주유를 대도독, 장소를 부도독, 노숙을 찬군 교위로 삼았다.

회의가 끝나고 집으로 돌아오는 길에 주유는 생각했다.

'공명이란 인물은 무서운 녀석이다. 싸워야 하느냐, 항복해야 하느냐를 놓고 우리는 이 개월 동안이나 망설이고 고민했는데, 이 곳에 온 지 단 하루 만에 결정하도록 주군을 설득시키다니……. 게다가 사람의 마음을 거울 속 들여다보듯 꿰뚫어 본다. 무서운 놈이다. 그런 놈을 이 성 안에 들여놓다니……. 훗날 반드시 오나라의 화근이 될 인물이다. 지금 공명을 죽여 버리는 것이…….'

주유는 공명을 해치울 결심을 하고 기회를 엿보았다.

한편, 공명은 성 밖에 있는 외국 사신이 묵는 객사에 들어가 조용히 눈을 감았다. 그러나 전쟁 출동 명령으로 소란해진 거리의 아우성 소리, 군마의 말굽 소리, 병사들의 행진하는 소리와 나팔 소리 때문에 쉽게 잠을 이룰 수 없었다. 공명은 자리에 누운 채 혼자 미소지었다.

다음 날, 공명은 정오에 서산 총사령부로 주유를 찾아갔다. 공명을 본 주유는 싸움에 대해 이것 저것 물었다.

"공명 선생, 물 위에서 싸울 때는 어떤 무기가 가장 좋을까요?"

공명은 무심코 내뱉듯이 말했다.

"아무래도 돌화살이 가장 좋겠지요."

이 말을 들은 주유는 속으로 기쁨의 미소를 지었다. 그리고 공명을 보며 다시 말했다.

"공명 선생, 우리 나라를 위해 돌화살 10만 개만 만들어 주십시오."

"10만 개요? 당장 준비해야 하는 화살이 10만 개라니, 준비해 둔 것이 그렇게 없단 말입니까?"

"싸움 결정이 너무 빨랐기 때문에 화살이 많이 부족합니다."

"주유 장군께서 부탁하시는 일을 제가 어떻게 거절하겠습니까? 좋소. 만들도록 하지요."

"열흘 이내에 준비할 수 있겠소?"

10만 개의 화살을 열흘 동안에 만들어 내는 것은 누가 봐도 불가능한 일이었다. 이 성 안에 모든 대장장이들을 동원해 잠 한숨 자지 않고 만든다 해도 완성할 수 없는 분량이었다. 이 사실을 주유는 너무나 잘 알았다. 그러나 이것을 공명에게 해 보일 수 있느냐고 넌지시 물어 본 것이다.

그런데 공명은 미소를 지으며 말했다.

"열흘이나 걸리면 싸움은 끝나 버리고 말 것입니다. 필요한 화살을 사흘 안에 만들어 놓겠습니다."

이 말을 들은 여러 대장들은 놀라 아무 말도 하지 못했다.

"사흘 안에요?"

주유는 공명의 말이 터무니없는 장난이라고 생각되어 다시 한 번 물어 보았다.

"예, 그렇습니다. 10만 개의 화살을 만드는 데 사흘이면 충분하지요."

말을 마친 공명은 곧 방을 나가 버렸다. 노숙은 공명이 염려되어 다음 날 아침 공명을 찾아갔다.

"아, 안녕하십니까, 노숙 장군."

공명이 근심에 젖어 있을 것이라고 생각했던 노숙의 예상은 보기 좋게 빗나가고 말았다. 공명의 목소리는 그 어느 때보다 쾌활하게 들렸다. 오히려 노숙이 공명을 보며 걱정스러운 듯이 물었다.

"이보시오, 공명 선생. 사흘 안에 10만 개의 화살을 만들 수 있다고 주유 장군에게 말했다던데, 그 많은 화살을 어떻게 사흘 안에 만들 수 있단 말이오?"

그러나 공명은 여전히 밝은 얼굴로 말했다.

"뜻이 있으니 길도 있겠지요. 그 정도의 화살은 충분히 만들 수 있습니다. 단, 조건이 있습니다. 먼저 귀공의 수하에 있는 병사 8백 명과 선박 20척을 제게 빌려 주십시오."

공명의 부탁을 받은 노숙은 난감했다. 도무지 공명의 속마음을 알 수 없었기 때문이다.

"공명 선생, 그 군사들을 어디에 쓰려고 그러십니까?"

"배마다 병사 40명씩을 태우고, 선체는 모조리 파란 천과 짚으로 둘러싸서 강기슭에 대기시켜 주시면 됩니다."

노숙은 공명이 머물고 있는 객사를 나오자마자 곧바로 주유에게로 달려갔다. 이 말을 전해 들은 주유도 고개를 갸우뚱거리며 생각했다.

'도무지 알 수 없는 사람이군. 도대체 무엇을 하려는 것일까?'

그러나 아무리 생각해 보아도 공명의 꿍꿍이를 알 수 없었다.

다음 날 새벽녘이 되자 장강에는 오나라의 크고 작은 군선 오백여 척이 모였다. 주유는 장소, 노숙과 함께 선봉 3만의 수군을 이끌고 돛에 바람을 받으며 양자 강을 오르기 시작했다. 오색 깃발이 아침 햇살을 받아 반짝이고, 도도히 흐르는 강물은 군선에 부딪쳐 새하얗게 물결쳤다. 그 뒤를 손권이 대군을 이끌고 육로로 쳐올라가고 있었다.

이 무렵, 조조가 이끄는 수군들도 차츰 삼강을 향해 남하하고 있었다.

강기슭에 도착한 조조군 중의 한 명이 병사들에게 소리쳤다.

"이런 밤일수록 방심하지 말아라!"

군사들은 서로 충고하고 격려하며 경비를 엄중히 섰다.

"이게 무슨 소린가?"

"음? 무슨 소리? 물소리밖에 들리지 않는데⋯⋯."

"아니야. 함성 같은데⋯⋯, 잘 들어 보게. 함성이 들리지 않나?"

이 때 상류 저 멀리에서 큰 함성과 함께 희미한 물체가 보였다.

"앗! 적군이 쳐들어왔다! 적군이 쳐들어왔다!"

깊은 밤을 틈타 공격해 오는 오나라 군사들을 발견한 조조군은 술렁이기 시작했다. 그러나 조조의 군사 중에는 실전 경험이 풍부한 노련한 병사들이 많았다. 곧 싸울 태세를 갖추고, 사수들은 대열을 정비하여 일제히 활을 쏘기 시작했다.

그러나 동쪽 하늘에서 아침 해가 솟을 무렵, 오나라의 군사들은 자취를 싹 감추고 사라져 버렸다.

공명과 오나라의 군사를 태운 이십여 척의 배는 화살을 맞은 채 강을 따라 아래로 아래로 흘러갔다. 물살이 빠른데다 바람까지 불어 이십여 척의 배는 강기슭에 있는 오나라의 진지로 삽시간에 도착할 수 있었다.

짚과 천으로 둘러싼 배의 몸체에는 조조군이 쏜 수천여 개의 화살이 꽂혀 있었다. 공명은 병사들에게 이 화살들을 모두 뽑으라고 명령했다. 얼마 지나지 않아 땅바닥에는 수십만 개의 화살이 쌓였다. 공명의 말대로 사흘도 되지 않아 오나라 군사들은 십만 개의 화살을 준비할 수 있었다.

이 말을 전해 들은 노숙과 주유는, 공명의 지혜에 머리를 숙이지 않을 수 없었다.

조조를 속인 간택

이 일이 있은 지 이틀 후, 강 북쪽 기슭에 있는 위나라의 진지에서 어부 한 사람이 붙잡혔다. 그러나 이 사람은 어부로 위장한, 오나라 군사의 참모 간택이었다. 간택은 곧바로 총사령장인 조조 앞에 끌려나왔다.

조조는 무섭게 노려보면서 물었다.

"적의 참모가 왜 이 곳에 왔느냐? 그것도 어부로 가장하고 온 이유를 말하라."

고개를 숙인 채 무릎을 꿇고 앉아 있던 간택은 고개를 들어 조조를 올려다보며 말했다.

"위 나라의 조 승상은 사람의 마음을 꿰뚫어 보는 능력이 있다고 하던데, 오늘 뵙고 보니 꼭 그렇지만도 않은 것 같습니다."

그리고는 혼잣말을 하듯 중얼거렸다.

"아, 나의 상관 황개 장군은 이런 가짜 영웅을 섬기려고 오나라를 배신하려고 했던가!"

이 말을 들은 조조는 이맛살을 찌푸리며, 허름한 어부의 옷을 입고 있는 간택을 내려다보았다. 그리고 위엄 있는 목소리로 물었다.

"황개라고? 지금 한 말은 무슨 뜻이냐? 자세히 설명해 보아라."

간택은 다시 고개를 들어 대답했다.

"조 승상, 오의 선단 대장 황개를 모르시오? 그분은 나의 상관입니다. 삼대 동안 오나라를 섬긴 명장이오. 그분이 며칠 전 주유 장군과 언쟁을 벌이던 중 주유 장군이 격노하여 그분에게 곤장을 백 대 때렸소. 지금 황개 장군은 병석에 누워 열에 시달리고 있소. 저의 상관은 이 치욕스런 수모를 참을 수 없어 비밀리에 나를 이 곳으로 보낸 것이오. 주유 장군에게 복수를 하기 위해서 말이오. 황개 장군은 현재 무기와 군량을 관장하는 직책에 계십니다. 조 승상께서 우리를 받아들이신다면, 며칠 내에 무기와 식량을 실은 배를 몰아 이 곳으로 올 것이오."

간택의 이야기를 들은 조조는 곰곰이 생각에 잠겼다. 이윽고 간택을 내려다보며 물었다.

"흠……. 그렇다면 황개가 빈 손으로 부하를 보내지는 않았겠지. 나에게 보내는 비밀 편지 같은 건 있소?"

"물론 여기 있습니다."

간택은 곧 품 안에서 편지 한 통을 꺼내어 조조에게 건넸다. 아무 말없이 편지를 다 읽고 난 조조는 두 눈을 감고 다시 생각에 잠기는 듯하더니, 갑자기 편지를 짝 찢어 버렸다.

"하하, 간택! 이 조조를 그렇게 어리석은 사람으로 봤더냐? 이 조조가 이런 허술한 편지 한 통에 속을 줄 알았더냐? 여봐라, 이자를 끌어내어 숨통을 끊어 버려라!"

그러나 간택은 눈 하나 깜짝하지 않았다. 오히려 소리 높여 웃었다.

"하하하! 역시 내가 첫눈에 조조를 가짜 영웅으로 본 것은 옳은 판단이었군. 황개 장군이 이따위 소인배를 믿었다니……. 하하하! 자, 조조 장군! 어서 내 목을 치시오. 어서!"

이 때, 한 참모가 들어와 조조에게 종이 한 장을 건넸다. 종이 쪽지에는 다음과 같은 내용이 적혀 있었다.

어제, 오나라의 선단 대장 황개가 주유 때문에 곤장 백 대의 형을 받음.

오나라는 내분이 일어난 모양임.

내용을 다 읽고 난 조조는 곧바로 간택에게 말했다.

"간택, 내가 너무 성급했다. 이자의 포박을 풀어라."

조조는 곧 곁에 있는 신하들에게 간택을 풀어 주라고 명령하고, 술과 음식을 준비하여 간택에게 대접했다. 그러나 천하의 실력자 조조도 이 편지가 공명이 보낸 계략이라는 것은 미처 알아채지 못했다.

공명은 조조가 보낸 첩자를 붙잡은 뒤 이 편지를 쓰게 했던 것이다. 조조는 간택의 잔에 술을 따라 주며 물었다.

"헌데, 간택! 자네가 보기에 위군의 약점은 무엇이라고 생각하는가?"

간택은 잠깐 생각하는 듯하더니 곧 입을 열어 대답했다.

"위나라 군사들은 배 위에서의 생활이 익숙하지 못합니다. 그러니, 지금과 같이 배 위에서 생활하는 날들이 길어질수록 군사들은 병이 들고 말 것입니다."

"음……."

그러나 이 약점은 조조도 너무나 잘 아는 것이었다.

육지에서 아무리 강인하고 용맹한 군사도 배 위에서 닷새나 열흘을 보내고 나면 녹초가 되어 버린다. 흔들리는 배 위에서의 생활을 견디지 못하는 것이다. 벌써 수천 명의 군사들이 병이 나 쓰러져 있었다.

조조는 간택을 바라보며 다시 물었다.

"그렇다면 간택 장군, 이 약점을 극복하기 위해서는 어떻게 하는 게 좋겠소?"

잠시 생각에 잠겼던 간택은 다시 고개를 들어 대답했다.

"먼저 수상전에 대비해 지금과 같이 배를 배치한 것은 훌륭한 방법입니다. 그러나 그것이 또한 문제이기도 합니다. 그 때문에 앓는 병사들이 나오기 때문입니다."

"무엇이?"

"위나라 군사들은 물에 익숙하지 못합니다. 그런데 오랫동안 배 위에서 생활하며 큰 물결에 시달리니 식욕도 떨어지고, 몸 상태도 나빠져 병이 생기고 만 것입니다. 그렇다고 군사들을 모두 육지로 내려보낼 수도 없습니다. 배를 빈 채로 놔둘 수는 없으니까요. 그러니 이렇게 하십시오. 먼저 배의 배치를 바꾸어 크고 작은 선박들을 모두 파도가 잔잔한 강 입구로 집결시키는 것입니다. 그 다음에는 배가 흔들리지 않도록 쇠사슬로 묶어 하나로 연결시키는 것입니다. 그러면 사람뿐만 아니라 말과 수레도 평지처럼 옮겨 다닐 수 있을 겁니다. 게다가 강풍이 불어도 서로 묶여 있으니 배가 심하게 흔들리거나 떠내려가는 일은 없을 것입니다."

간택의 말을 듣고 난 조조는 감탄의 빛을 감추지 않았다.

"고맙네, 간택! 정말 좋은 생각이야. 하하하! 잘 가르쳐 주었네!"

조조는 얼굴이 환히 밝아지며 연거푸 고마움을 전했다. 조조는 병사들에게 간택의 방법대로 배를 30척, 50척씩 짝을 지어 쇠사슬로 연결하도록 명령했다. 그리고 시험을 해 보기 위해 강 위로 배를 띄웠다.

마침 그 날은 바람이 세어 물기둥이 일어났으나, 30척, 50척씩 묶어 놓은 군선은 육지나 다름없었다. 물에 익숙하지 못한 북국 태생의 위나라 군사들은 힘껏 창과 사모창을 휘둘렀다. 배를 다시 강기슭에 정박시킬 때도 지난번과는 달리 깃발들이 가지런했다. 마치 줄을 맞춰 서 있는 늠름한 군사들 같았다.

이것을 본 조조는 크게 기뻐하며 간택에게 말했다.

"장군의 가르침은 하늘이 도운 것이오. 이것으로 천하는 이 사람의 손에 들어온 것이나 다름없소. 이제 오나라를 치는 것은 시간 문제요."

이 말을 들은 간택이 말했다.

"주유는 별볼일 없는 재주를 믿고 여러 장수들을 업신여깁니다. 그렇기 때문에 원한을 품고 있는 자들이 많습니다. 제가 다시 오나라로 가서 다른 여러 승상들이 조 승상께 항복하도록 이끌겠습니다."

이 말을 들은 조조는 더욱 기분이 좋아져 간택에게 말했다.

"이번 싸움이 끝나면 간택의 공을 제일로 쳐서 상을 내리겠소!"

남동풍을 이용한 계략

어느덧 닷새가 흘렀다.

수군 장수들이 조조 앞에 나아가 말했다.

"이제 강기슭의 군선들을 묶는 일은 마무리되었습니다. 출동 명령만 내리시면 언제라도 적을 무찌를 수 있습니다."

"좋다!"

조조는 맨 선두의 전함에 올라 수백 척의 전투함과 큰 배, 천여 척의 기습선 등을 둘러보았다. 강기슭에 정박해 있는 당당한 모습의 배들, 지금이라도 적의 무리 속으로 뛰어들어가 승리의 함성을 울릴 것만 같은 배들을 보며 조조는 기쁨의 미소를 지었다.

이윽고 군사에게 큰 소리로 말했다.

"오늘까지 수많은 전쟁터를 누비며 다녔다. 하지만 이번만큼 장엄한 결전은 없을 것이다. 이 늠름한 대군으로 오나라의 군사들을 단번에 쳐부수겠다. 어디에서도 볼 수 없었던 대전투가 눈앞에 다가왔다!"

조조는 우렁찬 목소리로 외쳤다.

"출동 준비!"

"자, 출동이다!"

서로 닿을 정도로 가깝게 쇠사슬로 연결된 대함대는 오나라의 군사들과 대적하기 위해 풍파를 헤치고 전진해 나갔다. 무리를 이끄는 전함이 오림강 입구까지 왔을 때, 육로로 뛰어오는 수백 명의 군사들이 보였다.

자세히 보니 말에 올라탄 채 필사적으로 손을 흔들고 있는 사람은 순기였다. 작은 배를 타고 조조가 있는 배로 다가온 순기는 다급하게 조조를 불렀다.

"승상! 승상!"

뱃머리에 나타난 조조는 깜짝 놀랐다. 순기는 지금 이 시간에는 형주성을 지키고 있어야 한다. 그런데 이 곳 강기슭에서 조조를 부르고 있는 것이다.

"무슨 일인가, 순기?"

조조는 의아스러운 눈빛으로 순기를 보며 말했다.

"승상, 오나라에 공명이 와 있다고 합니다. 공명이란 자는 계략을 세우는 데 능한 자입니다. 그자가 오나라에 있으니, 어떤 계략을 세울는지……. 그런데 승상, 배들을 쇠사슬로 서로 묶어 놓으신 이유는 무엇입니까? 적이 불화살을 날려 화염 공격이라도 하면 큰일 아닙니까?"

이 말을 들은 조조가 말했다.

"순기, 자네는 수상전에 대해서는 아무것도 모르고 있네. 지금은 11월 하순이라 북서풍은 불어도 남동풍은 불지 않아. 게다가 우군 진중은 북에 있으니 적들이 만일 화염 공격을 해 온다면, 불길이 우리 쪽으로 오지 않고 오히려 저들한테로 갈 게 아닌가. 마치 자기들의 머리 위로 불을 지르는 것과 같은 짓이지."

조조의 말을 듣고 보니 이치가 그러했다. 여러 장수들은 조조의 말에 감탄하며 다시 입을 열지 않았다. 조조가 이끄는 대함대가 드디어 오나라를 향해 쳐들어오고 있었다.

오나라 군사들은 술렁이기 시작했다. 드디어 결전의 날이 온 것이다.

"조조의 군사들이 온다!"

"백만 대군이 쳐들어온다!"

서산 꼭대기에 서서 멀리 북방의 강 위를 까맣게 메우고 내려오는 적의 함대를 관찰하고 있던 총사령관 주유는,

"역시 듣던 바대로 장엄하다! 수군 제독을 십 년 동안 했지만, 이렇게 거대한 선단을 본 적이 없다!"

그 때 하늘의 구름이 움직이는 모양을 본 주유는 공명을 향해 소리쳤다.

"공명, 이게 웬일이오! 우리 오나라를 속이다니……. 위군을 향하여 화염 공격을 하겠다고 하지 않았소? 하지만 구름이 움직이는 것을 보시오. 어찌 된 거요? 공명 선생!"

주유는 너무 낙담한 나머지 그 자리에 털썩 주저앉고 말았다. 그러나 공명은 오히려 시원한 목소리로 말했다.

"주유 장군, 장군이 걱정하는 건 바람이 아닙니까? 아무리 화염 공격의 묘책이 있다 해도 남동풍이 불지 않으면 모두 쓸모없는 게 되어 버리지요."

"그걸 알고 있으면서 우리에게 화염 공격의 계략을 알려 주다니……. 공명 선생, 우린 당신에게 속고 말았소. 분하다!"

그러나 공명 선생은 여전히 아무 거리낌 없는 목소리로 말했다.

"허둥대지 마시오, 주유 장군! 이제 곧 남동풍이 불 것이오. 이 공명은 남동풍을 불게 하는 비법도 터득하고 있소이다. 어서 사람들을 시켜 제단을 쌓게 하시오!"

공명의 말에 따라 주유는 500명의 일꾼을 동원하여 남병산에 제단을 만들게 했다.

11월 20일, 때마침 좋은 날에 만들어진 제단을 공명은 칠성단이라 이

름지었다. 120명의 군졸을 뽑아 저마다 깃발을 쥐게 하고, 주위 64면에
세워 제를 올릴 준비를 했다.

이윽고 공명은 몸을 단정하게 하고, 머리를 풀어 헤치고 도복을 입은
다음 왼쪽에는 보검, 오른쪽에는 동자에게 향로를 안겨 세우고, 맨발로
제단에 올라가 기도를 올리기 시작했다.

공명은 제를 올리기 전에 노숙에게 남동풍이 불면 급히 적진을 향해
쳐 올라가라고 일렀다. 그리고 주유에게는 마른 잎나무와 유황을 싣고,
푸른 막으로 가린 화선을 준비시켰다. 그리고 한당, 주태, 장흠, 진무
네 장수에게 군선 300척을 각각 맡겼다. 그리고 마지막으로 주유는 부
도독 정보와 남은 군선으로 뒤따르기로 했다.

이 수군 이외에도 강녕, 태사자, 여몽, 능통, 동습, 번장 등 여섯 장수
에게 각기 3천 명의 군사를 주어 달아나는 길목을 지키도록 했다.

제단에 올라간 공명은 남동풍이 불기만을 기다렸다. 해가 기울자 밤 하늘은 아름답게 개고 산들바람조차 일지 않았다.

"이런 겨울날에 남동풍이라니……. 공명에게 분명 속은 것이다."

주유는 마구 화를 냈다. 그러나 곁에 있던 노숙이 말했다.

"공명을 좀더 믿어 봅시다. 아직 제가 끝나지 않았으니, 어떻게 되는 지 한번 기다려 봅시다."

아니나다를까, 그날 밤부터 바람이 일기 시작했다. 급히 밖으로 나와 보니 깃발이 북서쪽으로 펄럭이고 있었다.

주유는 깜짝 놀라 말했다.

"아아! 남동풍이다. 도대체 공명이란 인간은 천지 귀신을 움직이는 이상한 방법까지 알고 있다니! 그런 녀석을 살려 둔다면 반드시 오나 라에 해가 될 것이다."

주유는 곧 장수들을 시켜 공명의 목을 베어 오라고 시켰다.

적벽 대전

공명을 잡기 위해 군사들은 남병산을 향하여 말을 몰아 갔다. 도착하 자마자 향로를 끌어안은 채 제단 위에 서 있는 동자에게 물었다.

"공명은 어디 있는가?"

"공명 선생은 안에서 쉬고 계십니다."

군사들은 급히 안으로 뛰어들어갔다. 그러나 공명의 모습은 이미 보 이지 않았다.

"어디 갔지?"

"이 녀석, 벌써 도망쳤구나!"

군사들은 산에서 뛰어내려와 기슭을 돌아 강변으로 나갔다.

바라보니 날이 밝은 강 위에 흰 옷 입은 사람을 태운 한 척의 배가 쏜살같이 멀어져 가는 것이 어렴풋이 보였다.

"공명 선생, 공명 선생! 주유 장군이 보내는 사자들이올시다. 배를 멈추시오!

군사들은 공명 선생을 불렀다. 그러나 공명 선생은 배의 맨 끝에 서서 큰 소리로 말했다.

"나 때문에 수고가 많군. 내 목 이외에 주유 장군이 필요로 하는 게 무엇이 있겠느냐? 지금 대장 조자룡을 불러 유 황숙의 군대가 있는 곳으로 돌아가는 길이다. 이 공명의 역할은 모두 끝났으니 돌아가서 주유에게 전해라. 남동풍이 불고 있으니, 신속히 적을 공격하라고!"

공명은 겨우 3,4명의 군사를 이끌고, 하구에서 기다리고 있는 유비에게로 돌아갔다.

후미진 기슭에 상륙한 공명을 본 유비는 기쁨의 환호성을 질렀다. 홀로 호랑이굴에 걸어들어갔던 공명 선생이 무사히 살아 돌아온 것이다.

그러나 유비를 본 공명은 곧바로 사태의 심각함을 알렸다.

"주군, 조조는 오나라 군사들에게 크게 패하고 말 것입니다. 지금이야말로 우리에게는 더없이 좋은 때입니다. 군사들에게 출전 명령을 내리십시오."

"군사들은 모두 싸울 준비가 되어 있소. 그러니, 공명이 각 군사들에게 작전 계획을 알려 주시오."

공명은 높은 언덕에 뛰어올라가 차례차례 명령을 내렸다.

"조자룡 장군은 수하 삼천 병사를 이끌고 가서 오림강 수풀 속에 숨어 있다가, 조조가 도망쳐 오면 주저하지 말고 공격하도록 하시오. 그러나 절대 쫓지는 마시오."

공명은 조자룡 장군에게 주의를 준 뒤 다시 말했다.

"오림에는 두 갈래 길이 있는데, 하나는 남군으로 통하고, 다른 하나는 형주로 통하는 길이지요. 조조는 반드시 형주로 갈 것입니다."

공명은 조조의 심중을 꿰뚫어 보고 있는 듯했다. 공명은 이번에는 장비를 돌아보며 말했다.

"장비 장군, 장군은 군사 삼천 명을 이끌고 강을 건너 이능 길을 맡으시오. 그 곳에 대기하고 있으면, 달아나던 조조의 군사들이 돌골짜기 근방에서 밥을 지을 것입니다. 그 연기를 보는 즉시 단번에 공격하도록 하십시오."

이어서 관우 장군에게 명령이 떨어졌다.

"관우 장군은 화용도에서 싸리를 태워 연기를 피워 올리고 난 뒤 조조를 기다리시오."

이 지령을 받은 관우는 의아한 듯이 공명 선생에게 물었다.

"고개에서 연기를 피워 올리면 오히려 복병이 있다는 것을 알아챈 조조가 다른 길로 달아나지 않겠소?"

"그렇지 않소. 조조는 고개 쪽에서 연기가 오르는 것을 보고 공명이 자기들을 속이기 위해 불을 피운 것으로 생각하고 돌진해 올 것이오. 자기 꾀에 자기가 속아 넘어가는 셈이지."

관우는 곧장 5백여 명의 부하를 거느리고 화용도로 달려갔다. 뒤를 이어 각 대장들에게도 앞일을 훤히 보는 듯한 공명의 명령이 떨어졌다.

"자, 주군. 주군은 저와 함께 뒷산에 올라가 강 위에서 벌어지는 싸움을 구경합시다."

공명은 유비와 함께 산에 올랐다.

남동풍이 불었다. 처음에는 잔잔하게 불던 바람이 시간이 지날수록 거세졌다.

"자, 진격이다!"

오나라의 전함은 서둘러 돛을 올렸다. 군사들의 사기는 그 어느 때보다 높았다. 밤이 되기를 기다려 오나라 군대는 조조가 있는 곳을 향해 휘몰아갔다. 때는 건안 13년 11월 21일의 일이었다.

이 때, 조조는 가장 큰 배 위에서 여러 장수들을 모아 놓고 술을 마시고 있었다. 남동풍이 부는 것이 마음에 조금 걸리기는 했지만,

'설마 바람을 이용해서 쳐들어오기야 하겠어.'

라고 생각하며 마음을 푹 놓고 있었다.

이 즈음, 멀리 남쪽에서 배 여러 척이 올라오고 있다는 소식이 들려왔다. 모사 정욱이 높은 대에 올라가 바라보았다.

"배들이 매우 빠르게 오고 있다. 이렇게 어영부영하다가는 앉은 자리에서 당하기 십상이다. 자, 빨리 나가 저 배들을 막아라!"

형주의 항장 문빙이 이 명령을 받아 급히 배 수십 척을 이끌고 나가서 싸웠다. 그러나 적군이 쏜 화살이 문빙의 가슴에 꽂혔다. 문빙은 그 자리에서 뱃바닥으로 쓰러졌다. 그 승세를 타고 오나라의 군선들이 위나라의 군선에 바짝 다가왔다.

"자, 지금이다! 배에 불을 질러라! 모두 나가 싸우라!"

오나라 장수의 명령이 떨어지자마자 20척의 화선에서 불이 일어나기 시작했다. 이 배는 마른 목초, 기름, 싸리 등 불에 잘 타는 물질들을 실은 쾌속정으로, 단번에 거대한 화염을 일으키며 조조군의 군선으로 다가왔다.

우르르 쾅!

삽시간에 불은 한덩어리가 되어 조조군의 군선으로 다가왔다. 더구나 이 배들 앞에는 날카로운 못이 수없이 박혀 있어서, 한번 부딪치면 떨어지지 않았다.

조조군의 배는 간택의 계책으로 30척, 50척씩 쇠사슬로 묶어 놓았기

때문에 재빠르게 움직일 수가 없었다. 불은 드디어 조조군 군선에 옮겨 붙어 연기가 하늘을 찔렀다. 배들은 차례로 활활 타오르는 불덩이가 되어 소용돌이치며 큰 파도 밑으로 가라앉았다.

이것을 본 조조의 백만 대군은 달아날 욕심으로, 작은 배를 서로 빼앗으며 갈팡질팡하다가 물 속으로 빠졌다. 불에 타 죽고, 물에 빠져 죽고, 화살에 맞아 죽고, 창에 찔려 죽고, 조조의 군대는 제대로 싸워 보지도 못하고 참패하고 말았다.

오군은 사기충천하여 이리 뛰고 저리 뛰며 적의 군선에 올라가 육지에서처럼 적을 무찔렀다.

이 싸움이 바로 그 유명한 '적벽 대전'으로, 중국 4천 년 역사 가운데서도 가장 유명한 전쟁이다.

참으로 대단한 싸움이었다. 이 대화재는 해일을 불러일으키고, 하늘에 흩날리는 불티가 하안 수풀에 떨어져 육지에서도 불이 활활 타올랐다.

이 때 작은 배를 탄 군사 한 명이 큰 배를 향해 소리질렀다.

"승상, 빨리 타십시오! 어서요."

맹렬한 기세로 몰려드는 오나라 군사들을 보면서도 넋이 나간 채 우두커니 서 있던 조조는 정신을 차리고 작은 배로 옮겨 탔다.

"저 녀석이 조조다!"

"생포하라! 반드시 잡아야 한다!"

그러나 오나라 군사들의 외침을 뒤로 하고, 조조가 탄 작은 배는 파도를 헤치며 북녘 기슭으로 도망쳤다. 그 배에는 조조의 충신 순기가 타고 있었다.

백만 대군의 대장이었던 조조는 이렇게 겨우 목숨만 건진 채, 아직도 불타고 있는 강 위를 바라볼 뿐이었다.

웃음소리에 나타나는 적

육지로 도망쳤지만 주변의 나무와 숲도 한창 타오르고 있었다. 산도 강도 온통 붉은빛이었다. 조조는 어느 방향으로 도망을 쳐야 좋을지 막막하기만 했다.

이 때 장요가 외쳤다.

"승상, 이쪽입니다!"

이 소리를 들은 조조는 화염에 싸인 숲 속을 뚫고, 무작정 말을 몰기 시작했다.

백만이라고도 하고, 혹은 81만이라고도 하던 부하 군사들을 한꺼번에 잃어버리고, 조조는 겨우 3천여 명의 군사들만을 거느린 채 형주성이 있는 북쪽을 향해 정신 없이 도망쳤다.

그러나 조조는 역시 천하의 영웅답게 위엄을 잃지 않고 군사들을 이끌었다.

적벽에서 빠져 나간 군사들은 날이 환하게 밝았을 때 오림에 다다랐다. 말 위에서 험한 산세와 들의 지형을 살펴보던 조조는, 하늘을 쳐다보며 갑자기 껄껄 웃기 시작했다.

"하하하! 공명의 지혜도 육전에서는 별소용이 없는 듯하구나. 여기다 군졸을 매복해 두었더라면, 모조리 적군을 쳐부술 수 있었을 텐데……."

조조의 말이 떨어지기가 무섭게 나팔과 북 소리가 사방에서 들려오기 시작했다. 그리고는 갑자기 좌우의 산림이 움직이는 듯하더니 와! 하는 적군의 함성이 들렸다.

"승상, 유비의 부하 조자룡이 벌써 기다리고 있었소이다!"

조조는 너무나 놀라 말 위에서 떨어질 뻔하였다.

"달아나라! 달아나라!"

장요, 허저가 죽기를 각오하고 싸워 조조는 겨우 빠져 나갈 수 있었다.

공명은 조조가 오거든 너무 뒤쫓지 말라고 일러 두었기 때문에, 조자룡의 군사들은 더 이상 쫓는 것을 그만두고 철수했다.

조조의 도망을 비웃기라도 하듯 때마침 큰 비가 내렸다. 차가운 비는 넝마 같은 옷을 입은 군사들의 온몸을 흠뻑 적셨다. 패잔병들은 물에 빠진 생쥐 꼴이 되었다.

추위는 더해 가고 길은 질퍽하여 병사들은 금방이라도 쓰러질 것만 같았다.

어느덧 날이 밝았다. 어느 황폐한 촌락에 당도한 군사들은 모두 혈안이 되어 식량을 찾았다. 병사들은 촌락에서 약탈해 온 식량으로 우선 밥을 지으려고 볏짚을 쌓아 불을 피웠다.

조조는 말 위에서 내려 나무 밑에 앉아 있다가 또 크게 웃음을 터뜨렸다. 그러자 여러 장수들이 웃는 이유를 물었다.

"공명의 지혜가 겨우 이 정도라니……. 이 곳에 군대를 숨겨 두었다면 어찌 이 목숨이 살아남겠느냐?"

이제나저제나 모닥불 연기가 피어오르기만을 기다리던 장비와 군사들이 갑자기 주변의 수풀 그늘에서 우르르 뛰어나왔다.

"조조야! 이제야 왔구나! 이 장비가 너의 목을 베어 가겠다!"

어디선가 장비가 장팔사모를 휘두르며 달려들었다. 너무나 급한 나머지 허저는 갑옷도 입지 못하고 말 위에 올라 싸웠다.

"장비의 말을 쏘아라! 활을 가진 자는 모두 장비의 말을 쏘아라!"

순기는 군사들에게 발악을 하듯 큰 소리로 외쳤다.

이러는 사이에 서황과 장요가 겨우 갑옷을 입고 좌우로 협공하여, 조조는 그 틈을 이용해 달아났다. 장비도 공명이 이른 대로 더 이상 따라가지 않았다.

조조에게 남은 군사는 겨우 3백여 명에 불과했다. 화상을 입은 사람, 팔이 부러진 사람, 온몸이 피투성이가 된 사람 등 부상을 입지 않은 사람은 거의 없었다.

이윽고 두 갈래로 갈라진 길 앞에 이르자, 조조는 몇몇의 군사를 보내어 먼저 길을 살펴보게 했다.

"산길 쪽은 이곳 저곳에서 연기가 오르는 걸로 보아 복병이 있는 것 같습니다. 큰길은 지나가기에도 좋고 적도 없어 보입니다. 또 산길은 형주로 가는 데 50리나 더 멀다고 합니다."

정찰병의 보고를 받은 조조는 산길로 갈 것을 명령했다. 장수들은 깜짝 놀라 이유를 물었다.

"저 화용도는 험하기로 유명한 골짜기다. 계책이 많은 공명은 일부러 연기를 피워 올려 복병이 있는 것처럼 꾸민 것이다. 그렇게 해서 우리들을 큰길로 유인해 공격하려는 것이다. 어서 산길로 오르라!"

조조의 설명을 들은 장수들은 조조의 지혜에 감탄하며 험한 산길을 오르기 시작했다.

그러나 화용도는 산이 험악한데다 아침에 쏟아진 비로 사태가 나서 길이 곳곳에 끊어져 있었다. 할 수 없이 허저, 서황, 장요는 손에 칼을 쥐고, 게으른 자는 베어 버리겠다고 위협했다.

나무를 베고, 흙을 파서 길을 만들며 겨우 10리 가량 나왔다. 그러나 군사들 중에는 추위에 꼼짝도 못하고 그 자리에 주저앉는 자도 많았다.

이 때 조조가 말 위에서 또 껄껄거리며 웃었다. 여러 장수들은 오싹함을 느껴 급히 말했다.

"승상! 승상께서 공명을 비웃는 웃음을 터뜨릴 때마다 갑자기 적군들이 쏟아져 나왔습니다. 그런데 이번에는 어찌하여 또 웃으십니까?"

"그렇기는 하지만 여기에 군사들을 매복시켰더라면, 우리들은 꼼짝없이 붙잡히고 말았을 것이다. 역시 공명의 지략이 깊지 못하구나."

바로 그 때, 벼락치듯 철포가 터지며 청룡도를 비껴 쥔 관우가 적토마를 휘몰아 쏜살같이 달려들었다. 천하의 영웅 조조도 이쯤 되자, 더 이상 버틸 힘이 없었다. 조조는 하늘을 쳐다보며 탄식했다.

"아, 내가 이 곳에서 마지막을 맞게 되는구나."

그러나 이렇게 어이없게 최후를 맞이할 조조가 아니었다. 조조는 관우 앞으로 한걸음 나서며 말했다.

"장군, 작별한 이후 처음이구려. 지금 나는 적벽에서 크게 패하고 겨우 3백여 명의 군사만을 이끌고 이 곳까지 왔소. 게다가 군사들의 대부분은 부상을 입었소. 지난날 장군이 하비성에서 곤경에 처했을 때, 나는 세 가지 조건을 받아들여 장군을 도와주었소. 그러니, 그 때의 은혜를 생각하여 나와 부하들의 목숨을 살려 주기 바라오."

"그러나 조 승상, 그 때의 은혜는 안량과 문추의 목을 베어 보답했소. 지금은 유 황숙의 명령을 받아 움직이는 것이라 승상을 통과시킬 수 없소."

"하지만 관우, 나는 장군이 오관에서 여섯 장수를 베고 달아났을 때도 굳이 추격하지 않았소. 그걸 한번 생각해 보시오."

조조의 말을 듣고 난 관우의 마음속은 그 어느 때보다 복잡해졌다. 부상당한 조조의 군사들은 모두 말에서 내려 땅에 엎드린 채 빌고 있었다. 그 중에는 일찍이 관우에게 두터운 우정을 보여 주었던 장요도 함께 있었다.

관우는 머리를 숙인 채 곰곰이 생각에 잠겼다. 이 때를 놓칠세라 조조는 기다렸다는 듯이 말머리를 돌려 군사들을 이끌고 달아났다. 그러나 무기도 없이, 말도 없이 부상당한 채 쫓겨 가는 패잔병이 가련하여, 관우는 더 이상 추격하지 않았다.

이렇게 하여 조조는 가까스로 목숨을 부지할 수 있었다. 백만 대군은 겨우 27명만이 남아 강릉을 향해 달아났다.

조조를 살려 보낸 관우의 죄는 무거웠다. 관우는 하구에 돌아가자마자 유비 앞에 무릎을 꿇고 엎드려 죄를 고하였다.

"유 황숙, 관우는 조조를 놓쳤습니다. 그러니, 어서 저를 벌하여 주소서!"

그러나 공명이 먼저 큰 소리로 외쳤다.

"관우, 군법을 어기다니 말이 되오? 유 황숙, 저런 군사는 당장 목을 베어 버려야 하오."

그러나 유 황숙이 나와 공명을 말리며 말했다.

"관우, 자네의 죄는 자네가 더 잘 알 것이오. 훗날 공을 세워 그 죄를 씻도록 하시오."

이렇게 하여 관우는 목숨을 부지할 수 있었다. 그러나 이것은 예전에 조조의 은혜를 입은 관우에게 은혜를 갚을 기회를 주려는 공명의 꾀였다.

촉의 기반을 다진 유비

오나라의 손권이 승리의 기쁨에 들떠 있고, 전쟁에서 진 조조의 상처가 아물지 않았을 때, 유비는 공명의 계책을 받아 양양, 형주, 남군의 세 성을 창 한 번 쓰지 않고 차지해 버렸다.

유비는 이 세 성을 차지함으로써 촉나라의 기반을 세울 수 있었다. 공명은 강 북쪽 기슭에 있는 유강구에 성을 쌓고 병사를 양성했다. 유

강구는 전략상 요지로서, 북쪽으로는 조조의 위나라를 엿보면서, 남쪽으론 오나라를 경계할 수 있는 곳이었다. 이렇게 기틀을 잡자 공명을 따르고자 하는 호걸과 현인들이 전국에서 모여들었다.

그 중 마량, 마직 두 형제가 유비의 수하에 들어오게 되었다. 마씨 형제는 모두 다섯이었는데, 형제들이 모두 뛰어났다. 특히 마량의 예지는 모든 사람을 놀라게 할 만큼 뛰어났다. 이 마량의 예지에 힘입어 유비는 양자강 너머의 무릉, 장사, 계양, 영릉군을 차지할 수 있었다.

이렇게 하여 유비는 유표의 군 42주의 대부분을 손아귀에 넣고, 양자강 남안의 유강구를 차지하여 위력을 크게 떨치게 되었다. 그러나 오나라는 제갈 공명의 계략에 힘입어 백만 대군의 조조군을 이겼지만, 겨우 파릉, 한양 두 성을 얻었을 뿐이었다.

주유는 노숙을 유비에게 보냈다. 그러나 유비는 성을 둘러보러 밖에 나가고 없었다. 유비를 대신해 공명이 노숙을 맞았다.

"오랜만입니다, 노숙 장군."

"예, 잘 지내셨습니까, 공명 선생."

인사를 마친 노숙은 이 곳을 찾아온 이유를 공명에게 말했다.

"오나라는 조조의 대군과 힘겨운 싸움을 벌였습니다. 오나라 군사들은 죽을 힘을 다해 싸웠지요. 그런데 저희가 얻은 것은 겨우 파릉, 한양의 두 성뿐입니다. 남군성은 원래 조조 장군의 부하가 지키고 있던 것입니다. 그러니 저희에게 그 남군성을 주십시오."

이 말을 들은 공명이 대답했다.

"그렇지 않습니다. 원래 이 성은 조조 장군의 것이 아니고 유표 장군의 것이었습니다. 그러니 유표 장군의 뒤를 이어 큰아들 유기가 숙부뻘 되는 유 황숙과 함께 그 성을 지키는 것이 당연하지요."

그러나 노숙도 자신의 고집을 꺾지 않았다.

"이 어지러운 세상에 원래 주인이 어디 있겠습니까?"

유비와 싸우지 않고 남군성을 얻는 것은 쉬운 일이 아니었다. 노숙은 누구보다 그 사실을 잘 알고 있었다. 그래서 유비를 만나기 전부터 은밀한 계책을 세워 놓고 있었다.

공명은 곰곰이 생각했다. 만약 남군성을 주지 않겠다고 끝까지 고집을 피운다면, 오나라는 분명 전쟁을 일으킬 것이었다. 그러나 이미 여러 성을 얻기 위해 싸움을 벌였기 때문에, 유비 군사들의 전력은 이미 바닥난 상태였다.

공명은 오나라와 싸우기보다는 타협을 하는 것이 더 유리하다는 결론을 내렸다. 그래서 유비와 의논하여 강하에 있는 성 하나를 오에게 주었다. 그러나 오나라는 이에 만족할 수 없었다.

"이렇게 된 이상 계략을 써서 유비가 어부지리로 얻은 성을 빼앗겠다."

이렇게 마음먹은 주유는 형주와 강릉 두 성을 몰래 빼앗으려고 했지만, 그럴 때마다 번번이 공명의 지략에 패하고 말았다.

"아아, 공명만 없었더라면……."

주유는 결국 울화병을 얻어 오랫동안 앓다가 숨을 거두었다.

조조의 참패

성도 없이 떠돌아다니던 유비의 세력은 나날이 커져만 갔다.

"시골에서 짚신이나 겨우 팔아 근근이 먹고 살던 녀석이 부하 몇 명 얻었다고 기고만장해 있구나."

조조는 유비의 세력이 자기와 견줄 만큼 커진 것을 보며 분했지만 어쩔 수 없는 일이었다. 이러는 가운데서도 유비는 다시 익주를 쳐들어가 승리하고, 익주의 성도라는 곳에 새로 자리를 잡았다.

조조와 유비, 오나라의 손권이 서로 세력을 다투고 있을 무렵, 중국의 황제는 한나라의 헌제였다.

그러나 헌제의 힘은 거의 없는 것이나 다를 바 없었다. 조조가 정치와 외교 문제를 결정하기 시작한 지 오래였다. 뿐만 아니라 유비와 조조, 손권은 자신들이 중국의 새로운 왕이 되려는 욕심을 품고 있었다.

가장 세력이 큰 사람은 단연코 조조였다. 비록 적벽 대전에서 패배하고, 백만 군사의 대부분을 잃었지만, 역시 영웅 중의 영웅답게 힘을 잃지 않았던 것이다.

이렇듯 중원을 중심으로 조조, 유비, 손권이 서로 천하를 놓고 다툴 때, 한중에는 장로라는 인물이 있었다. 그는 황건적 장각처럼 사이비 종교를 이용해 백성들을 교묘히 이용했다.

여러 제후들이 싸우고 있는 땅에서 멀리 떨어져 있어, 아무도 관심을 기울이지 않았기 때문에 장로의 세력은 점차 커져만 갔다. 마침내는 스스로를 한녕왕이라 칭하게 되었다.

이 한중에서 가까운 익주는 서촉 혹은 촉이라 하여 사면이 험준한 산으로 에워싸여 있는 곳이었다. 유비가 촉을 차지한 이듬해인 건안 20년 3월, 조조는 대군을 몰아 한중의 장로를 쳐 버렸다.

한중은 워낙 산세가 험한 곳이어서 조조도 쉽게 손에 넣을 수 없었다. 어느 날, 하후연, 장합이 거느린 군사들이 안개가 짙게 낀 틈을 타 총공격을 개시하여 장로의 항복을 받아 냈다.

이 때 조조의 신하인 사마의가 말했다.

"유비는 촉을 얻은 지 얼마 안 되어 아직 민심이 안정되지 못하였습니다. 그러니 이 기회에 촉의 유비까지 쳐서 없애는 것이 좋을 듯합니다."

그러나 조조는 머리를 흔들며 말했다.

"사람은 만족할 줄 알아야 하는 법이다. 한중을 얻었는데, 어찌 또 촉을 바라겠는가."

그러나 조조의 계획은 서로 갈라져 있는 영토를 하나로 통일하고, 마침내 중국의 새 황제로 올라서는 것이었다. 천하를 통일하려던 목적이 쉽게 달성되지 않자, 조조는 마침내 자신의 욕심을 드러냈다.

조조의 부하들은 황제에게 조조를 새로운 왕으로 봉할 것을 건의해 허락을 받았다. 드디어 조조는 위나라의 왕이 되었다.

더 이상 한나라의 장관이나 대장군이 아니라, 위나라의 어엿한 왕이 된 것이다. 조조는 수레와 차림을 거의 천자와 다름없이 하였다. 이제 헌제는 없는 것이나 마찬가지였다.

조조가 한중을 손아귀에 넣자, 유비의 촉나라와 경계가 가까워 양군 사이에는 늘 싸움이 그치지 않았다.

"유비를 쳐서 촉나라를 얻으면 위나라의 위업은 더욱 빛날 것입니다."

사마의가 다시 조조에게 건의했다. 이번에는 조조도 사마의의 뜻을 받아들여 촉의 정벌에 나섰다.

한편, 유비는 성도에서 병졸을 훈련시키고 백성들을 돌보느라 여념이 없었다. 이미 촉나라를 평정한 지도 4년이 지난 후여서 국력도 어느 정도 안정되고 왕성해졌다.

조조의 군사들이 쳐들어올 준비를 하고 있다는 소문이 들리자, 유비의 부하들이 말했다.

"이 기회에 유 황숙께서 친히 군사들을 이끌어 한중을 손에 넣으십시오. 이번에 중원을 손에 넣는다면 마침내 천하를 얻을 것입니다."

유비는 곧 부하들의 말에 따라 조자룡을 선봉으로 하여 공명과 함께

10만의 군사를 이끌고 한중으로 나갔다.

한중은 하후연과 장합이 지키고 있었다. 유비의 군사들이 무너뜨려야 할 첫 번째 상대는 바로 이 두 명의 장수가 이끄는 군사들이었다.

이들을 맞아 촉의 대장 황충은 칠순 노장의 충성을 보여 주고 싶었다.

"하후연은 성질이 불 같은 장수입니다. 그러니 계략을 써서 장기전을 펼친다면 반드시 이길 것입니다."

유비는 황충에게 이번 싸움을 맡겼다.

하후연은 유비와 관우, 장비처럼 조조와는 의형제 사이였다. 성미가 급한 하후연은, 촉군이 장기전을 펼치자 화가 치밀어올라 조카 하후상에게 군사를 주어 싸우게 했다.

이것을 본 황충이 소리쳤다.

"자, 이 때다! 공격하라!"

황충은 하후상을 향해 화살을 쏘았다. 하후상은 곧바로 말 아래로 떨어져 버렸다. 장수를 잃은 위군이 갈팡질팡하는 틈을 타서, 황충의 군사들은 마구 공격을 퍼부었다.

후퇴하는 위나라 군사들을 본 하후연은 더 이상 참을 수 없어 장합에게 본진을 맡기고, 자신이 직접 대군을 이끌고 위나라의 군사들을 전멸시키고자 했다.

그러나 촉군은 진을 지키며 좀처럼 나오지 않았다. 위나라 군사들이 산을 점점 포위하여 적진을 오르려고 할 때 갑자기 사방에서 화살이 비 오듯 쏟아져 내렸다.

선두에 선 황충은 칠순의 노장답지 않게 맹호처럼 적진에 뛰어들며 소리쳤다.

"하후연, 황충의 칼을 받아라!"

황충의 칼이 한 번 번쩍하는가 싶더니 하후연이 말에서 굴러떨어졌다.

하후연이 죽었다는 소식을 전해들은 조조는,

"아, 용맹한 장수 하나가 죽었구나! 내 한 팔이 끊어졌구나!"

하고 소리치며 통곡했다.

촉나라 군사들은 황충이 하후연의 목을 베자 기뻐 날뛰었다. 유비는 이 노인을 정서 대장군에 봉하여 공로를 치하했다.

승리의 축배를 올리고 있을 때, 조조가 20만 대군을 이끌고 하후연의 원수를 갚기 위해 진군해 오고 있다는 소식이 들어왔다.

"조조가 이 험한 산중에 와서 무엇보다도 염려하는 것은 군량미이다. 하후연의 죽음으로 미창산에 저장해 둔 군량미가 위태로워졌다. 그것을 옮기기 위해 조조가 오고 있다. 그것을 태워 버리는 장수는 이번 싸움에서 가장 큰 공을 세우는 것이 된다. 누구 스스로 나설 자 없는가?"

공명의 말이 떨어지기가 무섭게 황충이 자리에서 벌떡 일어섰다. 그러나 그 일은 적진 속으로 깊이 들어가야 하기 때문에 혼자서는 위험했다. 공명은 조자룡에게도 군사를 주어 황충을 돕게 했다.

"조 장군은 뒤에 기다리고 있다가 내가 금세 돌아오지 않으면 지원하러 와 주오."

황충은 이 말을 남기고, 북산에 있는 위나라의 진을 향해 군사를 이끌고 나아갔다.

그 곳에는 군량미가 산처럼 쌓여 있었다.

"자, 어서 불을 질러 버려라! 군사들은 모조리 목을 베어라!"

황충이 막 군량미를 불태우려는 순간, 갑자기 요란한 북소리가 울렸다. 그리고 미리 매복하고 있던 장합, 서황, 문빙 등이 이끄는 위나라의 군사들이 나타나 황충을 포위했다.

병력이 적은 황충의 군사들은 죽기를 다해 싸우기 시작했다. 약속한 시간이 지나도 황충이 돌아오지 않자, 조자룡은 3천여 명의 군사들을 이끌고 지원을 하기 위해 떠났다.

조자룡은 맨 먼저 문빙을 한 칼에 베어 버리고 적진 속으로 달려갔다. 그리고 돌진해 오는 군사들에게 호통을 치며 풀을 베듯 헤치워 버렸다.

촉의 군사들은 철통같은 위군에 에워싸인 채 하루 종일 싸우느라 기진맥진해 있었다. 노장 황충도 매우 지쳐 있었다. 조자룡은 쉴새없이 창과 칼을 번뜩이며 닥치는 대로 적을 무찔렀다.

장합과 서황은 그런 조자룡을 보고 간담이 서늘해져 후퇴 명령을 내릴 수밖에 없었다. 군사들을 격려하기 위해 와 있던 조조는, 범처럼 날뛰는 조자룡을 바라보다가 옆에 있는 군사에게 물었다.

"저 장수의 이름이 무엇이냐?"

"예, 조자룡이라고 합니다."

"장판파 싸움에서 이름을 드높였던 조자룡이구나. 그러니 저렇게 날셀 수밖에! 잘못하다가는 우리 군사들이 모두 조자룡의 칼에 죽음을 당하겠구나. 장수들은 가까이 하지 말고 물러서도록 하라!"

위나라 군사들이 물러서자, 그 틈을 타 조자룡은 급히 황충을 구해 내어 진지로 돌아왔다. 그러나 곧이어 조조의 20만 대군이 촉나라의 군사들을 추격하기 시작했다. 본진을 지키고 있던 부장 장익이 당황하여 성문을 닫으려 하자, 조자룡이 노기를 띠며 말했다.

"지난날 장판파에서는 나 홀로 조조의 80만 대군을 무찔렀다. 지금은 나 이외에도 몇 명의 군사가 더 있거늘, 이만한 일로 성문을 닫으려 하느냐?"

조자룡은 활을 쏘는 군사들을 참호 속에 숨기고, 군기를 모두 감추도록 한 다음, 북과 징을 치지 말라고 명령을 내렸다. 그리고 홀로 성문 밖으로 나가 창을 비껴 쥔 채 버티고 섰다.

장합, 서황을 선봉으로 하여 군사들을 이끌고 오던 조조는, 이 광경을 보자 걸음을 우뚝 멈추고 가까이 오지 않았다.

조자룡은 조조의 주저하는 눈치를 보자, 창을 번쩍 들어 소리쳤다.

"지금이다. 쏴라!"

그 순간 참호 속에 숨어 있던 5백여 명의 궁수들이 일제히 화살을 당겼다. 게다가 천둥치듯이 북과 징 소리가 나더니 황충, 장익, 장저가 고함을 내지르며 달려나왔다.

조조의 대군은 우왕좌왕하더니 앞을 다투어 흩어지기 시작했다. 기습을 받은 군사들은 미처 피할 사이도 없이, 화살을 맞고 무수히 말 아래로 거꾸러졌다.

조조는 살아남은 군사들을 추스려 북산만이라도 지키기 위해 헐레벌떡 달려갔다. 그러나 북산의 군량미는 이미 불타고 있었다. 검은 연기와 불길은 하늘을 찌를 듯 높이 치솟았다.

그 때 갑자기 징소리가 울리며 미창산에 숨어 있던 유봉, 맹달의 군사들이 뛰어나왔다. 조조의 군사들은 제대로 싸워 보지도 못하고 촉군의 창칼에 찔려 목숨을 잃었다. 조조의 군사들은 거의 몰살당했다.

이 싸움에서 승리한 촉나라의 군사들이 얻은 군량미와 무기는 실로 산더미 같았다. 하붕관에서 조자룡이 홀로 적군을 막아냈다는 말을 전해 들은 유비는, 조자룡의 공로를 치하하며 호위 장군이라는 칭호를 내렸다.

그러나 호락호락 물러설 조조가 아니었다. 조조는 남정에 도착하자마자 대군을 편성하여 한수를 사이에 두고 촉군과 맞섰다.

공명은 조자룡에게 5백여 명의 군사를 주어 가까운 산에 숨도록 했다.

밤이 되자, 조자룡에게 군사들을 이끌고 조조의 군사들이 있는 곳으로 가서, 북을 치고 함성을 울려 대며 위협하도록 했다.

"야습이다! 적군이 쳐들어왔다!"

잠을 자고 있던 위나라 군사들은 대군이 쳐들어온 줄 알고 깜짝 놀라 소동을 일으켰다. 그러나 아무리 기다려도 개미 새끼 한 마리 얼씬거리지 않았다. 속은 것을 알고 다시 잠이 들려고 하면, 다시 철포가 터지고 함성이 들려왔다.

이렇게 사흘 밤을 시달리더니, 결국 조조의 군사들은 사방에 숨어 있던 촉나라 군사들의 공격을 받아 크게 패하고 말았다.

그 사이 장비, 위연이 이끄는 군사들은 다른 길로 남정을 쳐들어가 점령했다. 앞뒤로 적을 두게 된 조조는 급히 양평관으로 가서 그 곳에 진을 쳤다.

공명은 조조의 뒤를 쫓아 한수를 건너 강가에 진을 쳤다. 뒤에는 강물이 흘러 달아날 수 없는, 이른바 배수의 진을 친 것이다. 이것을 본 조조는 공명이 또다시 계책을 쓰는 것이라 생각하고 진격을 중지시켰다.

그 때, 산 속에서 갑자기 북소리, 징소리, 군사들의 함성이 들리며 한 무리의 군사들이 달려나왔다. 선봉에 선 장비는 벽력 같은 소리를 내질렀다.

"허저 이놈, 내 칼을 받아라!"

장비가 장팔사모를 휘두르며 달려들자, 허저도 장검을 들어 맞서 싸웠다. 그러나 허저는 장비의 적수가 될 수 없었다. 장비의 장팔사모를 피하던 허저는 그만 말에서 거꾸로 떨어졌다.

장비가 막 목을 베려는 순간, 허저의 부하들이 한꺼번에 몰려와 죽기를 각오하고 맞서 싸웠다. 화살이 비오듯 날아오자 장비도 어쩔 수 없이 주춤할 수밖에 없었다.

허저는 이 틈을 타서 말 위에 뛰어올라 겨우 달아날 수 있었다. 조조는 더 이상 버틸 수 없다는 것을 알고, 양평관을 버리고 달아나려 했다.

그 때, 조조의 둘째 아들인 조창이 군사들을 이끌고 구원하기 위해 달려왔다. 한 무리의 군사들을 보자 조조는 다시 힘이 솟았다. 그래서 사곡 중간에 다시 진을 쳤다.

조조는, 어렸을 때부터 무예가 뛰어났던 조창을 어느 아들보다 대견하게 생각했다. 조창은 곧 선봉에 서서 촉나라 군사들과 맞서 싸우기 위해 달려나갔다.

그러나 용맹스러운 장군 조창도 마초를 당해 낼 수는 없었다. 결국 마초에게 전멸당한 위나라 군사들은 또다시 참패하였다. 게다가 앞에는 위연의 군사들, 뒤에는 장비의 군사들, 옆으로는 마초의 군사들이 조조가 머물고 있는 진을 향해 점점 다가오고 있었다.

위나라 군사들은 싸우기도 전에 겁에 질려 달아나기 시작했다. 이것을 본 조조는 칼을 높이 들고 외쳤다.

"달아나는 녀석은 한 놈도 남김없이 목을 베어 버리겠다!"

그리고는 앞장서서 군사들을 독려하기 시작했다.

이것을 본 군사들은 다시 용기를 얻어 촉나라 군사들과 싸웠다. 몇만이나 되는 위나라의 군사들이 힘을 합쳐 싸우자, 촉나라 군사들도 물러설 수밖에 없었다.

이 때 위연이 조조를 향해 화살을 날렸다. 위연이 쏜 화살은 조조의 뺨에 박혔다. 조조는 비명을 지르며 말 위에서 굴러 떨어졌다.

위연은 때를 놓치지 않고 조조의 목을 찌르기 위해 달려들었다. 그러

나 호위군 대장 방덕이 조조를 지키기 위해 죽을 힘을 다해 싸웠다. 위연과 방덕이 싸우는 사이 다른 장수들이 달려와 조조를 구해 내어 달아났다. 조조는 깊은 상처를 받았다. 더욱이 말 위에서 떨어질 때 앞니가 두 개나 부러졌다.

조조는 겨우 수백 명의 군사만을 이끌고 남정을 향해 달아났다. 돌아가는 길에 조조군은 곳곳에서 촉나라 군사들과 부딪쳤다. 싸울 힘을 모두 잃어버린 위나라 군사들은, 촉나라 군사들이 나타날 때마다 놀라 달아나기에 바빴다.

조조는 겨우 살아남은 1만여 명의 군사들에게 둘러싸여 부상당한 처량한 몰골로 허창으로 돌아왔다. 목숨을 잃지 않은 것만으로도 다행으로 여길 정도로 치욕적인 참패였다.

이렇게 해서 장로가 차지했던 한중 일대의 땅은 모두 유비의 영지가 되었다.

한중 왕이 된 유비

여러 고을을 점령한 유비는 각 고을에서 투항한 사람들을 따뜻이 위로하고, 공을 세운 군사들에게는 후한 상을 주어 전쟁으로 어지러워진 민심을 수습했다.

이 무렵, 여러 장수들은 유비를 촉나라의 황제로 추대하려고 하였다. 공명은 이 문제를 넌지시 유비에게 이야기해 보기로 했다.

"땅만 있으면 너도나도 왕이 되려 하고 있습니다. 그런데 주군은 한나라 황실의 친척 되는 분이자, 드넓은 영토를 차지한 주인이 되셨습니다. 그러니 유 황숙께서 새로운 왕이 되신다면, 백성들도 주군의 인자함을 믿고 따를 것입니다."

그러나 이 말을 들은 유비는 단호히 거절하며 말했다.

"내가 비록 한나라 황실의 후예이기는 하나, 어디까지나 황제의 신하요. 황제께서 엄연히 왕의 자리에 계신데 새로운 왕이 되다니, 그런 역적질을 나더러 하란 말인가? 그런 말은 다시는 꺼내지 마시오."

"그러나, 주군. 지금 천하가 나뉘어 도처에 영웅들이 활개를 치고 있습니다. 유 황숙께서는 황실만을 생각하시고, 어려움에 처해 있는 백성들은 생각하지 않으십니까?"

"하지만 나는 결단코 황제 폐하를 배반하는 행위는 할 수가 없소."

공명이 아무리 설득해도 헛수고였다.

"황제께서 조서를 내리지 않는 한 왕위에 오른다는 것은 절대 있을 수 없는 일이오."

곁에서 두 사람의 대화를 듣고 있던 장비가 버럭 화를 내었다.

"아니, 형님. 왜 안 된다는 겁니까? 황실과는 전혀 관계없는 사람도 왕이 되려고 야단인 세상입니다. 그런데 황제의 숙부 되시는 형님께서 왕위에 오르는 것이 뭐가 잘못입니까?"

유비는 몇 번이나 사양했지만, 많은 사람들이 계속 권유하자 어쩔 수 없이 왕위에 오를 것을 승낙했다. 게다가 공명과 법정이 허창에 있는 헌제에게 밀사를 보내어, 유비를 한중 왕에 임명한다는 내용이 담긴 칙서를 받아 왔다.

신하들은 남정 서쪽에 있는 면양에 9층의 단을 쌓고, 유비를 오르게 한 뒤 일제히 절을 했다.

한중 왕이 되자, 유비는 먼저 아들 유선을 왕세자로 책봉하고, 법정을 상서령으로, 허정을 태부로, 공명을 군사로, 관우와 장비, 조자룡, 마초, 황충 다섯 장수를 5호 장군에 임명했다. 그리고 나머지 장수들에게도 그 동안의 공로에 따라 각각 벼슬을 내렸다.

이 말을 들은 조조는 주먹을 부르르 떨며 크게 분개하였다.

"촌구석에 있던 애송이가 왕위에 오르다니 말이 되느냐. 하늘을 대할 면목이 없구나. 내 이놈을 당장 요절하여 이 수치를 씻어야겠다!"

이 때 사마의가 앞으로 나서며 조조에게 말했다.

"대왕께서는 잠시 진정하십시오. 소신에게 한 가지 계책이 있습니다. 우선 말을 잘하는 사람을 사신으로 뽑아 오와 화친을 맺으십시오. 그 다음 손권으로 하여금 형주를 공격하게 하는 것입니다. 그러면 유비는 반드시 형주를 돕기 위해 나설 것입니다. 이 때 비어 있는 한중으로 군사를 휘몰아 가면 어렵지 않게 유비를 이길 수 있을 것입니다."

듣고 보니 그럴 듯한 작전이었다. 조조는 곧 사마의의 말에 따라 만총을 사신으로 뽑았다. 그리고 오나라와 위나라가 힘을 합쳐 촉나라를 공격하자는 편지를 손권에게 보냈다.

손권은 적벽 대전에서 싸워 이긴 오나라가 형주 일대의 땅을 차지하는 것이 마땅한 일이라고 생각했다. 그러나 공명의 계책으로 그 곳을 빼앗겨 버리고, 게다가 충신 주유까지 분함을 못 이겨 숨을 거두고 만 것에 대해 분개하고 있었다.

때를 기다리던 손권은 조조의 제의에 기꺼이 찬성하며, 즉시 조조의 청을 받아들여 친선을 맺었다.

조조는 곧 번성을 지키고 있는 위나라 군사들에게 형주 국경 지방에 있는 양양을 먼저 공격하라고 명령을 내렸다. 그러나 이 소식을 들은 공명은 담담하게 말했다.

"저는 일찍이 조조가 그런 계책을 쓰리라 짐작하고 있었습니다. 우리가 먼저 번성을 칩시다. 그러면 조조의 군사들도 간담이 서늘해져서 가볍게 행동하지는 못할 것입니다."

유비는 관우에게 번성을 치라고 명령했다. 관우는 요화를 선봉장으로 삼고, 아들 관평을 부장으로 삼았다. 그리고 자신은 총지휘관이 되어 이적과 마량 두 장수와 함께 전군을 거느리고, 위세 당당하게 양양으로 향했다.

위나라 군사의 전멸

관우가 이끄는 촉나라 군사들이 진격하자, 조조의 아들 조인이 이끄는 위군은 제대로 싸워 보지도 못하고 낡은 벽처럼 허물어져 버렸다. 위나라 군사들은 물론이고 장수들도 적토마를 탄 관우가 청룡 언월도를 마구 휘두르며 나타나자, 벌벌 떨며 도망칠 생각부터 했다.

이 싸움에서 위나라의 장수 하우존이 관우에게 죽음을 당하고, 책원은 관평에게 찔린 채 목숨이 붙어 있는 군사들을 이끌고 도망쳤다. 그 여세를 몰아 관우가 한강을 넘어오자, 조인은 기겁을 하여 조조에게 구원을 요청했다.

조조는 장수 우금을 정남 장군으로 세우고, 조조의 신변을 지키고 있던 수십만 병사 중에서 정예군만 뽑아 지원병을 보냈다. 이 소식을 들은 군사 한 명이 조조의 앞에 엎드려 청했다.

"저를 보내 주십시오."

조조가 바라보니 방덕이었다. 얼굴이 검고, 키가 8척쯤 되는 장수 방덕. 조조가 위연의 화살에 맞아 목숨을 잃을 뻔했을 때 죽기를 각오하고 조조를 위해 싸웠던 장수였다.

그러나 방덕은 원래 마초의 부하였고, 지금은 자기 형 방유와 주인 마초까지도 유비의 휘하에 있어 다른 군사들로부터 의심의 눈초리를 받고는 했다.

그러나 조조는 충신을 알아볼 줄 아는 사람이었다. 조조는 방덕을 정

남군의 선봉으로 세워 출정하게 하였다. 방덕은 조조에게 감동을 받았다.

곧 싸움터에 나갈 준비를 하기 위해 집으로 돌아온 방덕은 가족들에게 관을 하나 급히 만들도록 했다. 그리고는 울음을 참고 있는 가족들에게 이렇게 말했다.

"내가 이기면 관우의 시체를 이 속에 담아 오고, 진다면 내가 이 관 속에 들어 있을 테다. 반드시 빈 관을 가지고 오지는 않을 것이다."

방덕은 관을 앞세우고 떠났다.

우금과 함께 방덕은 번성에서 30리쯤 떨어진 곳에다 진을 쳤다. 이 소식을 들은 관우는 몹시 분개했다. 곧 번성을 공격하는 일은 요화에게 맡기고, 관평을 이끌고 우금의 진을 치기 시작했다.

관우가 나타나자 위군 진중에서 방덕이 흰 말 위에 앉아, 관을 끌고 나오며 소리쳤다.

"관우야! 위나라 왕의 어명을 받아 너의 목을 관에다 넣어 가려 한다. 목숨이 아깝거든 당장 항복해라!"

이 말을 들은 관우는 긴 수염이 날리도록 큰 소리로 웃으며 말했다.

"하룻강아지 범 무서운 줄 모른다더니, 네놈을 두고 하는 말이구나. 네녀석의 목을 자를 것을 생각하니 내 청룡도가 아깝다."

말을 마치고 관우는 청룡도를 휘두르며 앞으로 달려나갔다. 이것을 본 방덕도 칼을 움켜쥔 채 말을 몰아 달려나왔다.

관우와 방덕은 양 군사들이 서 있는 한가운데서 맞붙었다. 두 장수는 100여 차례나 칼을 부딪치며 싸웠다.

"히잉! 히잉!"

두 마리의 말이 가쁜 숨을 몰아쉬며 뽀얀 먼지를 일으키는 가운데 관우의 청룡도와 방덕의 장검이 번쩍이며 불꽃을 튀겼다. 그러나 두 장수는 전혀 지치는 기색이 보이지 않았다. 다른 군사들은 그저 넋을 잃은 채 두 사람의 싸움을 지켜볼 뿐이었다.

어느덧 날이 점점 어두워지기 시작했다. 위나라의 진영에서 먼저 징 소리를 울리며 군사들을 수습하자, 두 사람의 장수는 내일 다시 자웅을 겨루기로 하고 물러났다.

다음 날 아침, 오랜만에 좋은 상대자를 만난 관우는 적토마를 급히 몰아 적진으로 달려갔다. 방덕도 기다렸다는 듯이 벌써 나와 관우를 상대할 준비를 하고 있었다. 50여 합을 싸워도 승부가 나지 않았다. 방덕은 관우가 소문대로 만만치 않은 적수임을 알게 되자, 곧바로 말을 돌려 달아나기 시작했다.

관우는 벽력같이 큰 소리를 질렀다.

"이 비겁한 녀석아, 어디를 달아나느냐? 네녀석이 속임수를 쓴다고 내가 속을 줄 아느냐?"

관우는 방덕을 쫓아 적토마를 몰기 시작했다. 그 때, 도망치던 방덕이 갑자기 말머리를 돌리더니 관우를 향해 화살을 쏘았다. 너무 갑작스러운 일이라 관우는 미처 피할 겨를도 없었다.

화살은 곧장 관우의 왼쪽 어깨에 박혔다. 이 광경을 바라보고 있던 관평은 군사들을 이끌고 나는 듯이 말을 달려 아버지 관우를 부축하여 돌아갔다.

다행히 상처는 깊지 않았다. 그러나 관평은 만일을 대비하여 적이 몰려와도 나가 싸우지 않았다. 그 사이에 우금, 방덕이 진격을 계속하여 번성 북쪽 10여 리쯤 떨어진 곳에 진을 쳤다.

며칠이 지나자 관우의 상처는 어느 정도 아물었다. 상처 입은 팔을 감싸고 밖으로 나와 적진과 주위의 지세를 샅샅이 살펴보던 관우가, 갑자기 손뼉을 치며 함성을 질렀다.

"됐다, 이젠 됐어! 이제 위나라 군사들은 독 안에 든 쥐다. 꼭 몰살시키겠다!"

관우는 몰래 군사들을 시켜 한강의 한 갈래인 중구라는 개울을 막게 했다. 때는 마침 8월 하순이었다. 매일 큰 비가 내렸다. 하늘 위에는 회색빛 두꺼운 구름들이 며칠째 낮게 깔려 있었다.

그 사이 관우는 높은 고지로 진을 옮겼다. 위나라 군사들이 관우의 계략을 알아챘을 때는 이미 늦었다.

그날 밤부터 관우는 봉화를 올려 관평이 막았던 강둑을 헐어 버리라는 신호를 보냈다. 그러자 산더미 같은 물살이 위나라 군사들의 진중을 덮쳤다.

"홍수다! 홍수다!"

위나라 군사들은 물에 휩쓸려 떠내려가며 아우성치기 시작했다. 관우의 군사들은 뗏목을 타고 적진으로 들어가 대장 우금을 사로잡았다. 그러나 방덕은 5백여 명의 군사를 이끌고 관우의 군사들에 대항했다. 화살이 비오듯 쏟아지자 적들은 삽시간에 그 자리에 쓰러졌다.

혼자 남게 된 방덕은 칼을 휘두르며 뗏목으로 뛰어들었다. 뗏목을 빼앗아 번성으로 가려고 한 것이다.

이 때 관우의 부하 장수 주창이 방덕이 탄 배의 뒤를 바싹 쫓아가 배를 뒤집어 놓았다. 주창은 힘이 센 장사로 유명했다. 그는 물에 빠져 허우적거리는 방덕을 사로잡아 관우 앞으로 끌고 왔다.

싸움은 관우가 이끄는 촉나라 군사들의 대승리로 끝이 났다. 관우는 포로가 된 우금과 방덕을 끌어내어 심문하였다. 우금은 항복할 테니 목숨만 살려 달라고 빌었다.

"목숨 하나 살리기 위해 그렇게 쉽게 항복해 버리다니. 너 같은 녀석은 목을 자르려 해도 칼이 더럽혀질 것 같아 살려 주겠다."

관우는 우금을 곧장 형주로 보내 투옥시키도록 했다. 그러나 방덕은 절대 항복하려 들지 않았다.

"너의 주인이었던 마초와 네 형도 이제는 한중 왕의 신하가 아니냐? 그러니 너도 항복해서 한중 왕의 신하가 되어라. 그러면 우리 전하께 서는 너를 귀하게 써 주실 것이다."

"그런 소리는 듣기도 싫다! 싸움에 졌으니 죽는 것은 당연하다. 어서 내 목을 잘라라!"

관우는 어쩔 수 없이 방덕의 목을 베도록 했다. 그러나 방덕의 기개 를 가상히 여겨 장례를 후하게 치러 주었다.

관우는 번성을 손에 넣기 위해 서둘러 공격을 시작했다. 그러나 번성 에는 모사 만총이 조인을 돕고 있었다. 촉군들이 성 근처에 몰려올 때 마다 화살을 퍼부어 가까이 갈 수가 없었다.

게다가 자기가 아끼던 정예병들이 몰살당했다는 소식을 들은 조조는, 서황을 대장으로 삼아 5만 명의 군사를 급히 번성으로 보냈다. 그리고 오나라 손권에게는 사신을 보내 하루빨리 형주를 치라고 독촉했다.

그러던 어느 날, 공격군을 지휘하던 관우는 어깨에 화살을 맞고 말에 서 떨어졌다. 지난 싸움에서 상처를 입은 자리였다. 이 소식을 들은 관 평이 급히 달려가 관우와 함께 본진으로 돌아왔다.

그런데 이번 화살에는 독을 발라 놓았기 때문에, 상처가 금방 퍼렇게 부풀어 올랐다. 관우는 움직일 수 없을 만큼 심한 상처를 입었다.

관우는 싸움을 계속할 수 없게 되자, 어쩔 수 없이 형주로 돌아와 치 료를 받았다. 이 때 천하 제일의 명의로 이름 높은 화타가 찾아와 치료 를 해 주며 말했다.

"이것은 오두라는 독입니다. 빨리 치료하지 않으면 팔을 못쓰게 될 뿐만 아니라 독이 전신에 퍼져 죽게 됩니다. 지금 관우 장군의 상태는 매우 위독합니다. 수술을 하지 않으면 목숨이 위태롭습니다."

"수술만 하면 다시 일어나 싸움을 할 수 있겠소?"

"물론입니다. 하지만 지금 당장은 안 됩니다."

화타는 곧 수술 준비를 했다.

"조용한 방에 기둥을 세우고 밧줄로 온몸을 감아 움직이지 못하도록 기둥에 묶은 후 수술해야 합니다."

이 말을 들은 관우가 물었다.

"팔과 다리를 묶는다고요? 그렇게 하지 않으면 수술을 할 수 없습니까?"

화타는 조용한 목소리로 말했다.

"살을 찢고 뼈를 긁어야 하는 어려운 수술입니다. 묶지 않으면 환자가 고통을 참지 못해 수술하기가 힘들어집니다."

이 말을 들은 관우는 껄껄 웃었다.

"너무 걱정 마십시오. 어린애도 아니니 아프다고 비명을 내지르거나 하지는 않겠소."

웃통을 벗고 난 관우는 마량을 불러 바둑을 두기 시작했다.

화타는 곧바로 칼을 들고 어깨에 난 상처를 도려 내기 시작했다. 뼈는 독이 스며들어 푸른빛을 띠고 있었다. 그러나 관우는 눈 하나 깜짝하지 않은 채, 미소를 띠며 계속 바둑을 두었다.

이번에는 화타가 썩어들어가는 뼈를 칼 끝으로 사정없이 긁어 내기 시작했다. 그런데도 관우는 얼굴을 찡그리기는커녕 볼 한 번 씰룩거리지 않았다. 오히려 곁에 있던 사람들이 수술 광경을 차마 볼 수 없어 고개를 돌릴 지경이었다.

드디어 수술은 끝났다. 화타는 땀을 닦으며 말했다.

"오랫동안 의사 생활을 하며 많은 사람들을 수술해 봤지만, 장군님

같은 분은 처음입니다. 참으로 하늘이 내리신 분입니다."

화타는 관우가 고마움의 표시로 주는 예물을 극구 사양하고 돌아갔다. 화타는 듣던 대로 명의였다. 화타의 수술 덕분에 관우의 상처는 점점 아물기 시작했다.

관우의 죽음

우금이 사로잡히고 방덕이 죽었다는 소식을 들은 조조는 분한 마음을 가눌 길 없었다. 이번에는 서황을 대장으로 삼아 5만여 명의 군사를 번성으로 보냈다. 또한 오나라의 손권에게는 형주를 치라고 독촉했다.

그러나 관우도 가만히 앉아 있지만은 않았다. 먼저 10리, 20리 사이로 거리를 두고 높은 봉우리마다 봉화대를 만들었다. 그리고 형주에 일이 생기면 낮에는 연기로, 밤에는 불꽃으로 알리도록 했다.

노숙이 죽은 뒤에는 여몽이 오나라의 대도독이 되었다. 조심성이 많은 여몽은 먼저 첩자를 보내 형주의 사정을 알아보도록 했다. 첩자는 관우가 부상에서 거의 완쾌되었으며, 산봉우리마다 봉화를 세워 적의 침입에 대비하고 있다고 전했다.

여몽은 섣불리 관우를 공격할 수가 없었다. 곰곰이 생각하던 여몽은 한 가지 계책을 생각해 냈다.

자신이 손권과 사이가 나빠져 대도독의 자리를 물러난다는 소문을 퍼뜨렸다. 그리고 잘 알려지지 않은 육손을 대장으로 하여 군사들을 지휘하도록 하였다.

육손은 비록 나이는 어렸지만 뛰어난 지략을 가진 장수였다. 여몽의 계책대로 대도독이 된 육손은, 신임 인사 치레로 값비싼 예물을 관우에게 보냈다.

"육손? 육손이 누구인가? 이름을 들은 적은 없지만, 젊은 나이에 대도독 자리에 오른 걸 보니 대단한 자인가 보군. 하지만, 오나라는 세력이 약하니 당분간은 신경쓸 거 없겠지. 조조를 쳐부순 다음에 생각해도 늦지 않을 거야."

싸움에 이기고 있던 관우는 별 의심 없이 육손의 예물을 받았다. 그러나 이것이야말로 관우의 크나큰 실수였다.

이 때, 여몽은 군사들을 상인으로 위장시켜 배를 타고 심양강 기슭에 있는 봉화대를 급습하여 순식간에 점령해 버렸다. 지키고 있던 군사들도 모조리 사로잡아 봉화대와 봉화 간의 연락도 끊어 버렸다.

항복하는 군사들에게는 후한 상을 주어 모두 위나라 군사 편으로 만들었다. 이 군사들을 앞세운 여몽은 곧바로 형주성으로 내달았다.

"심양강변의 봉화대를 지키던 군사들이오. 급한 일이 생겨 관우 장군을 뵈어야 하니 어서 성문을 여시오."

항복한 포로들이 이렇게 소리치자, 형주성을 지키고 있던 문지기는 아무 의심 없이 성문을 열었다. 그러자 기다리고 있던 오나라 군사들이 물밀듯이 성 안으로 쳐들어갔다. 성 안에 있던 촉나라 장수들은 칼 한 번 제대로 써 보지 못하고 모두 사로잡히고 말았다.

형주성을 점령하고 난 뒤, 여몽은 말 잘하는 군사를 뽑아 마방과 부사인이 지키고 있는 공안, 강릉 두 성으로 보냈다. 꾀를 내어 두 장수를 유인한 오나라의 군사들 덕분에 여몽은 두 성도 손쉽게 얻을 수 있었다.

그 때까지도 관우는 연락이 끊긴 줄 모르고 있었다. 관우의 선봉인 관평과 요화 두 장수는 양릉파라는 곳에서 서황이 이끄는 위나라 군사와 치열한 전투를 벌이고 있었다.

적장 서황이 관평과 부딪치게 되자 크게 소리쳤다.

"이 애송이 관평아! 형주는 이미 오나라의 것이 되었다. 성도 없는 네 놈이 무엇을 믿고 이렇게 까부느냐?"

그러나 관평도 서황에 지지 않을 만큼 큰 소리로 말했다.

"그런 새빨간 거짓말에 내가 속을 줄 아느냐?"

관평은 서황과 맞서 온 힘을 다해 싸웠다. 그러나 이 말을 들은 관우의 군사들은 점차 동요하기 시작했다.

어쩔 수 없이 관평과 요화는 군사들을 후퇴시켰다. 관평은 곧바로 군사들을 이끌고, 관우가 지키고 있는 번성으로 달려갔다.

"형주가 손권에게 함락당했다는 말을 들은 군사들이 앞다투어 도망가거나 적에게 항복하는 바람에 더 이상 싸울 수가 없었습니다."

이 말을 들은 관우가 깜짝 놀라 소리쳤다.

"무엇이? 형주가 손권의 손에 넘어갔다고? 대체 그게 무슨 말이냐?"

"싸움터에서 서황과 위나라 군사들이 그렇게 소리쳤습니다."

하지만 관우는 그 말이 촉나라 군사들의 사기를 떨어뜨리기 위한 계략일 뿐이라고 생각했다.

그 때 갑자기 함성이 일어나면서 서황이 이끄는 군사들이 관우의 본진으로 거침없이 파고들었다. 뒤에는 서황을 격려하기 위해 조조가 직접 수십 만의 군사를 거느리고 나타났다.

서황은 기세가 등등하여 관우에게 소리쳤다.

"이 멍청한 놈아! 형주가 고스란히 손권의 손아귀에 들어왔으니, 네 놈도 목숨을 바쳐라. 순순히 항복을 하면 목숨만은 살려 줄 테니, 어서 무릎을 꿇어라!"

관우는 분개하여 청룡도를 마구 휘두르며 서황에게 달려들었다. 서황도 관우의 청룡도를 피하며 대적했다. 두 장수는 80여 합을 싸웠지만 쉽게 승부가 나지 않았다.

그러나 관우는 어깨 부상이 완전히 낫지 않은 탓인지 청룡도를 휘두르는 것이 예전 같지 않았다.

멀리서 이 광경을 지켜보는 관평은 마음이 조마조마했다. 관평은 더 이상 기다릴 수가 없어 징을 울려 군사들의 대열을 정비했다.

그 때 갑자기 함성이 울리며 번성에 있던 조인의 군사들이 성문을 열고 쳐들어왔다. 관우는 군사들을 총동원하여 싸웠지만 열세를 면할 수 없었다. 결국 싸움에서 패한 관우는 군사들을 거두어 양양으로 달아났다.

이 때 형주, 공안, 강릉 세 성이 오의 손아귀에 들어갔다는 전갈이 왔다. 관우는 이를 갈며 여몽에게 저주의 말을 퍼부었다.

"이런 고얀 녀석! 젖비린내 나는 애송이 녀석에게 속았구나! 무슨 면목으로 한중 왕을 대한단 말이냐!"

관우는 빼앗긴 세 성을 되찾기 위해 마량, 이적을 성도로 보내어 유비에게 구원을 요청했다. 그리고 자신은 형주를 향해 급히 말을 몰았다. 가는 길목마다 오의 군사가 숨어서 기다리고 있었지만, 관우의 용맹스런 모습을 보고 겁에 질려 달아났다.

오나라 군사들 중에는 형주 백성들이 많이 섞여 있었다. 여몽이 관우의 군사들을 동요시키기 위해 계책을 쓴 것이다.

관우가 형주에 도착하자 여기저기서 울부짖는 소리가 들렸다.

"아버지!"

"아이고, 아들아!"

"형님!"

가족들의 모습을 본 군사들은 하나 둘씩 도망치기 시작했다. 남아 있는 군사 500여 명이 관우의 뒤를 따를 뿐이었다.

"이 상태로는 도저히 오나라 군사들과 싸워 이길 수 없습니다. 먼저 가까운 맥성으로 가서 구원병을 기다리도록 하는 게 좋겠습니다."

또 한 번 참패를 당한 관우는 관평의 권유를 받아들여 맥성으로 들어가 성문을 굳게 닫았다. 오나라 군사들은 맥성을 10겹, 20겹으로 에워싼 채 함성을 질렀다. 관평은 다시 관우에게 말했다.

"이 성은 너무 작아 오래 버틸 수가 없습니다. 그러니 가까운 상용성으로 사람을 보내어 구원을 청하는 것이 좋을 듯합니다. 그 다음에 형주를 도로 찾을 수 있는 방법을 생각해도 늦지 않을 것입니다."

그러나 겹겹이 에워싸고 있는 오나라의 포위망을 뚫고 보낼 만한 사자가 없었다. 관평과 관우가 묵묵히 앉아 있을 때 요화가 앞으로 나서며 말했다.

"관우 장군님! 저를 보내 주십시오. 반드시 구원병을 이끌고 오겠습니다."

"좋소. 이번 일을 자네에게 맡기겠네."

관우의 허락이 떨어지자, 관평은 몇몇의 군사들을 이끌고 나아가 요화가 상용성으로 갈 수 있도록 오나라의 군사들을 무찔렀다. 이 틈을 타 요화는 맥성을 빠져 나갔다.

요화는 상용성에 이르자 급히 맥성의 상황을 알렸다.

"지금 관우 장군은 조조와 오나라의 군사들에게 둘러싸여 있습니다. 한시바삐 구원병을 보내지 않으면 무슨 일을 당할지 알 수 없습니다."

그러나 이 말을 들은 유봉은 고개를 절레절레 저으며 말했다.

"이거 정말 큰일이 났구만. 정말 딱한 일이야."

맹달도 관우가 오나라의 30만 대군과 위나라의 40만 대군에게 에워싸여 있다는 말을 듣고는 기겁하여 구원병을 보내는 것을 꺼렸다.

"우리도 언제 위험에 처할지 모르는 어려운 상황입니다. 그런데 구원병이라니요. 게다가 군사의 수도 월등히 많은데 어떻게 싸우겠습니까?"

두 장수가 구원병을 보내려고 하지 않자 요화는 난처해져서 소리쳤다.

"지금 곧 군사를 보내지 않는다면, 관우 장군은 조조의 군사에게 패하고 말 것입니다. 훗날 한중 왕의 노여움을 어찌 받으려고 이러십니까?"

그러나 유봉과 맹달은 요화의 눈치를 보며 거절의 뜻을 분명히 했다.

요화는 땅에 머리를 찧으며 울부짖었지만 어쩔 수 없는 일이었다. 요화는 하릴없이 성도를 향하여 급히 길을 떠났다.

맥성에서는 아무리 기다려도 구원병은 오지 않고, 군량미도 점점 바닥이 드러났다. 어둠을 틈타 도망치는 군사들이 늘어만 갔다. 군사는 이제 2,3백여 명이 남았을 뿐이었다.

"기다려도 군사들이 오지 않으니, 내가 촉나라로 돌아가 군사들을 이끌고 다시 오는 수밖에."

관우는 주창을 대장으로 약 1백 명의 군사에게 맥성을 지키도록 하고, 관평과 함께 2백여 명의 군사를 이끌고 맥성을 빠져 나가기로 했다.

밤이 되기를 기다려 관우가 막 성을 빠져 나가려 할 때, 왕보라는 군사가 다가왔다. 왕보는 지략이 뛰어난 장수였다. 왕보는 관우와 헤어지는 것을 슬퍼하며 말했다.

"장군, 북문 앞의 좁은 길에는 반드시 복병이 있을 것입니다. 그러니 꼭 남문의 큰길을 택하여 가십시오."

그러나 잇따른 패배에 분개한 관우의 귀에는 그 말이 들어오지 않았다.

"그까짓 복병 몇 명쯤은 단칼에 헤치울 수 있다."

관우는 북문을 뛰쳐나가 성을 에워싼 군사들을 마구 쳐부수며 앞으로 달려나갔다. 그러나 이 곳에는 오의 장수 주연이 5천 명의 군사를 매복시키고, 관우가 성 밖으로 나오기만을 기다리고 있었다. 갑자기 북소리와 징소리가 요란하게 울리며 와! 하는 함성이 울렸다.

관우는 청룡도를 휘두르며 몰려드는 적을 막았지만, 아무리 베어도 적의 수는 줄어들 줄 몰랐다.

5,6리를 달리는 사이 관우를 따르는 군사의 수는 반도 되지 않았다. 관우는 관평과 군사 10여 명의 호위를 받으며 결석산까지 달아났다.

동녘 하늘이 점점 밝아오고 있었지만, 아직 주위는 어두웠다. 관우 일행은 어둠과 갈대숲을 헤치며 앞으로 나아갔다.

그 때 갑자기 징소리가 산이 떠나갈 듯이 울리기 시작했다. 이 곳에는 오의 장수 번장이 매복시킨 5백여 명의 군사들이 이제나저제나 관우가 오기만을 기다리고 있었던 것이다. 우거진 숲 속 여기저기에서 군사들이 뛰어나와 긴 낫과 창으로 말의 다리를 찌르기 시작했다.

"아아, 이제 모든 것이 끝나 버렸구나!"

관우는 탄식하며 적진을 뚫고 나가기 위해 말의 고삐를 당겼다. 그러나 사방에서 몰려나온 군사들에게 휩쓸려 관평과 관우는 말에서 떨어졌다. 이 때를 놓치지 않고 오나라 군사들은 와! 하고 달려들어 두 사람을 밧줄로 묶어 버렸다.

관우와 관평은 손권이 머물고 있는 장막으로 끌려갔다. 그리고 손권 앞에 무릎을 꿇었다.

손권은 두 사람에게 부드럽게 말했다.

"두 용맹한 장수를 보게 되어 반갑습니다. 관우 장군, 나는 오래 전부터 장군을 존경해 왔소."

그러나 이 말을 들은 관우는 침묵을 지킬 뿐이었다.

손권은 다시 말을 이었다.

"장수 중의 장수요, 호걸 중의 호걸인 장군을 이렇게 내버리다니. 의리를 중히 여기는 촉나라인 줄 알았더니 전혀 그렇지 않구려. 장군, 이제부터 이 오나라를 섬기는 것이 어떻겠소?"

넌지시 항복을 권유하는 손권의 말에 관우는 목청을 높여 소리쳤다.

"당치 않은 소리! 더 이상 네놈의 말은 듣고 싶지도 않다. 어서 내 목을 베어라! 어서!"

손권은 관우를 꼭 자기 사람으로 만들고 싶었다. 그러나 관우가 누구인가? 일찍이 조조가 금은보화와 적토마까지 주며 부하로 삼으려 했지만, 끝내 실패하지 않았던가. 게다가 유비의 안부를 알자마자 다섯 관문의 장수들을 헤치우고 달려갔던 충신 중의 충신이다.

한참 동안 생각에 잠겨 있던 손권은 이윽고 자리에서 일어나 명령했다.

"저 두 사람을 당장 끌어내어 목을 베어라!"

군사들이 관우와 관평을 끌고 언덕으로 올라갔다. 그리고 곧바로 칼을 내리쳐 목을 베었다.

처음 탁군에서 유비, 장비와 함께 군졸을 일으켜 황건적을 토벌한 이래 영웅 호걸로 이름을 날리던 관우는 이렇게 세상을 떠나고 말았다.

건안 24년 10월, 관우의 나이 58세 때였다.

조조의 죽음과 황제 유비

관우가 목숨을 잃은 다음부터 이상한 일이 일어나기 시작했다.

먼저 관우가 몰던 적토마는 그 날 이후로 아무것도 먹지 않고 시름시름 앓기만 했다. 그리고 관우가 숨진 맥성을 향해 고개를 돌린 채 히잉! 히잉! 울음만 터뜨렸다.

그럴 즈음 요화는 성도에 이르러 관우의 위급함을 알렸다.

"급히 구원병을 보내셔야 합니다!"

그러나 공명은 용맹스런 관우를 믿었기 때문에 태연히 말했다.

"너무 염려하지 마십시오. 그 곳까지 구원병을 보내기에는 거리가 멉니다. 관우는 아마 상용성에서 구원병을 얻어 위기를 넘길 것입니다."

확신에 찬 공명의 말을 듣자 유비도 마음이 놓였다.

그러던 어느 날 밤, 유비는 열감기에 든 것처럼 온몸이 오들오들 떨리고, 식은땀이 쉴새없이 흘러내렸다.

"이게 무슨 일인가? 한겨울에도 감기 한 번 앓지 않던 내가."

유비는 다시 자리에 누워 잠을 청했지만, 쉽게 잠이 들지 않았다. 유비는 하는 수 없이 잠자는 것을 포기하고, 자리에서 일어나 책을 읽기 시작했다. 그 때 스르르 문이 열리며 검은 그림자 하나가 방 안으로 불쑥 들어왔다.

순간 유비는 너무 놀라 입이 떨어지지 않았다. 하지만 마음을 진정시키고 큰 소리로 호통쳤다.

"웬 녀석이냐?"

그러나 그림자는 아무 대꾸도 하지 않았다. 유비는 다시 버럭 고함을 질렀다.

"누군지 어서 말하지 못할까?"

자리를 박차고 일어나 검은 그림자를 뚫어지게 쳐다보던 유비는 크게 놀라 말했다.

"아니, 관우 장군 아닌가? 왜 물어 보아도 대답도 하지 않고 사람을 놀래키는가?"

그러나 관우는 여전히 아무 말도 하지 않았다. 유비가 손을 잡으려고 다가서자, 관우가 한 발짝 뒤로 물러섰다. 발걸음 소리도 없이 조용히 물러서는 관우를 보자, 유비는 알 수 없는 불안감에 휩싸였다.

이 때, 관우가 눈물을 흘리며 흐느껴 울기 시작했다. 그러나 관우의 두 눈에서 흐르는 눈물은 시뻘건 피눈물이었다. 얼굴빛 또한 창백했다.

"이게 무슨 일인가?"

"유비 형님, 이 관우의 억울한 한을 풀어 주십시오! 부디 관우의 원수를 갚아 주십시오!"

말을 마친 관우는 마치 안개가 흩어지듯 사라져 버렸다. 유비는 자신의 두 눈을 믿을 수 없었다.

'아, 이게 무슨 징조란 말인가?'

그 때 한 장수가 달려와 말했다.

"관우 장군님과 관평 장수가 오나라 군사들에게 끌려가 죽음을 당했습니다."

"무엇이? 내 아우 관우가 죽다니……."

유비는 그 자리에서 쓰러져 사흘 동안을 일어나지 못했다. 이것을 본 공명이 유비에게 말했다.

"어서 일어나십시오. 이 공명이 있지 않습니까. 어서 기운을 차리시어 관우 장군의 원수를 갚도록 합시다."

그 말을 들은 유비는 자리에서 벌떡 일어나 소리쳤다.

"그렇다! 사내대장부답지 못하게 눈물이나 흘리고 있다니……. 기필코 아우의 원수를 갚고야 말겠다! 어서 군사들에게 출정 준비를 하라고 일러라. 손권, 그 녀석을 내 손으로 처치하겠다!"

그러나 공명은 유비를 만류하며 말했다.

"슬픔이 극에 달한 주군의 마음은 잘 알고 있습니다. 그러나 감정에 휘말리어 섣불리 행동하지 마십시오. 지금 오나라와 위나라는 함께 손을 잡고 우리 촉나라를 넘보고 있습니다. 이때 가볍게 군사를 움직였다가는 관우 장군의 원수를 갚기는커녕 더 큰 위험을 초래하게 될지도 모를 일입니다. 좀 더 깊게 생각하신 후에 군사를 움직여도 늦지 않습니다."

한편, 아버지 손견, 그 형 손책까지 3대에 걸쳐 쟁탈전을 벌였던 형주를 손에 넣은 손권은 여몽의 공을 치하하며 크게 기뻐하였다.

여몽이 돌아오자 큰 잔치가 벌어졌다. 손권은 여몽의 잔에 넘치도록 술을 따르며 말했다.

"여몽 장군, 내 술을 받으시오. 이번 싸움에서는 여몽 장군의 공이 으뜸으로 크오. 드디어 형주가 내 손에 들어왔소. 장군은 충신 중의 충신이오."

그런데 술잔을 받아 마시던 여몽이 갑자기 잔을 땅에 던지며 소리쳤다.

"요, 요 녀석! 푸른 눈알을 한 애송이 손권아! 나를 알아보겠느냐?"

여몽은 손권 앞으로 성큼성큼 다가갔다. 그리고는 손권을 밀쳐내며 자기가 상좌에 앉으려고 하였다.

곁에서 이 광경을 본 여러 신하들은 너무 놀라 입을 벌린 채 아무 말도 하지 못했다. 여몽은 눈을 부릅떠 손권을 노려보며 고함쳤다.

"황건적을 토벌한 이래 천하를 휩쓸고 다니기를 30여 년. 한중 왕의 아우 관우가 여기 왔다!"

그 순간 여몽의 입과 코, 눈에서 피가 쏟아지더니 그 자리에서 고꾸라져 숨을 거두고 말았다. 잔치 마당은 한순간에 아수라장이 되어 버렸다.

"관우의 혼령이 나타나 여몽을 죽였다!"

사람들은 이렇게 외치며 겁에 질린 채 와들와들 떨기만 했다. 그러나 이상한 일은 이것으로 그치지 않았다. 손권은 너무 두려운 나머지 관우의 목을 상자에 넣어 조조에게 보냈다.

그러나 손권의 꿍꿍이속을 훤히 들여다보고 있는 조조는 아무렇지 않은 듯 상자를 열었다. 그러나 작은 상자 안에 들어 있는 관우의 얼굴빛은 살아 있을 때와 조금도 다름이 없었다.

"관우 장군, 오랜 만이오!"

조조가 장난스레 인사를 건네자, 마치 대답이라도 하려는 듯 머리칼과 수염이 움직였다. 그것을 본 조조는 너무나 놀란 나머지 온몸을 부들부들 떨었다.

조조는 곧 관우의 목에 나무로 몸뚱이를 만들어 주고 몸소 백관들을 거느리고 후하게 장례를 치러 주었다. 그리고 형주의 왕으로 봉했다.

그러나 매일 밤마다 조조의 꿈에 관우가 나타났다. 게다가 며칠 뒤부터는 시름시름 앓기 시작했다. 밤마다 꿈에 관우가 나타나 청룡 언월도를 휘두르자, 더 이상 견디지 못하고 병을 얻은 것이다. 조조는 매일 밤 헛소리를 내지르며 잠을 이루지 못했다. 그의 몸은 하루가 다르게 수척해져 갔다.

조조는 자신이 다시는 일어나지 못할 거라는 걸 알고, 조홍, 진군, 가후, 사마의 등 중신을 불러 말했다.

"네 아들 가운데 첫째 아들 화에게 왕위를 물려주겠다. 그러니 여러 장수들은 화를 도와 나라와 백성을 보살피기 바란다."

유언을 남기고 얼마 지나지 않아 조조는 숨을 거두었다. 건안 25년 66세 때의 일이다.

신하들은 조조의 뜻을 받들어 조비를 위왕의 자리에 오르게 하였다. 위왕이 된 조비는 연호를 연강이라 정했다.

조비는 아버지 조조 못지않은 야심가였다. 임금이 되자 곧이어 황제의 자리를 넘보기 시작했다. 그리고는 주위 신하들에게 공공연히 말했다.

"한나라는 원래 유방이라는 건달이 진나라를 빼앗아 세운 나라 아닌가. 게다가 헌제 30여 년 동안은 황제의 덕이 부족해 나라가 늘 혼란스럽고, 백성들은 고통에서 한시도 벗어날 수 없었지. 이 얼마나 가슴 아픈 일인가. 헌제는 그 자리에 있는 것이 부끄럽지도 않은가. 이제까지 부왕의 도움으로 명맥을 이어왔으니, 위나라 왕인 나에게 그 자리를 물려주는 것이 옳은 일이다."

그 해 10월, 조비는 조홍, 조휘 등에게 헌제가 있는 궁궐을 점령하도록 했다. 그리고 많은 사람들 앞에서 헌제는 조비에게 옥새를 바쳤다. 이 날부터 헌제는 유협이라는 본래의 이름으로 조비의 신하가 되었다.

이렇게 하여 한고조 유방으로부터 6백여 년을 이어온 한나라는 멸망하고 말았다.

제위에 오른 조비는 나라 이름을 대위라 하고, 연호를 황초, 조조는 태조로서 무황제라 이름하였다.

그 후 조비는 허창에서 낙양으로 다시 수도를 옮겼다.

다음 해 3월 어느 날, 강에서 고기를 잡던 한 어부가 양강에서 그물에 걸린 황금 도장을 유비에게 가지고 왔다.

도장을 살펴본 유비는 깜짝 놀라며 말했다.

"아니, 이것은 한나라 황실의 옥새 아닌가. 낙양에서 반란이 일어났을 때 사라진 옥새가 이렇게 다시 나타나다니……. 그렇다면 조비가 가지고 있는 옥새는 이 옥새를 대신하기 위해 임시로 만들어 사용하는 것이 분명하다."

공명과 신하들은 너무 기뻤다. 한나라의 전통 옥새가 황실의 친척인 유비에게 온 것은 하늘의 뜻이라고 여겼기 때문이다.

신하들은 유비에게 간청했다.

"황실의 전통을 이으시어 조비가 빼앗은 천하를 다시 찾으십시오."

그러나 유비는 신하들을 꾸짖었다.

"나를 천하의 역적으로 만들 셈인가?"

"황실을 욕보인 조비에게 원수를 갚는 것이 어찌 불충 불의라 하십니까?"

신하들도 고집을 꺾지 않고 유비에게 한나라를 위하는 길임을 누누이 설명했다. 이에 유비도 마지못해 신하들의 뜻을 받아들이기로 하였다.

그 해 4월, 유비는 황제의 자리에 올랐다. 나라 이름을 대촉이라 하고, 연호를 장무로 새로이 고쳤다. 그리고 공명을 승상으로 봉하고, 문무 백관에게도 그에 따라 직위를 높였다.

새로운 의형제

황제의 자리에 오른 지 얼마 지나지 않아, 유비는 군신들에게 말했다.
"관우가 죽은 지 벌써 1년하고도 반이 지났소. 지난날, 내가 관우와 의형제를 맺을 때, 한날 한시에 죽기를 맹세하였소. 그런데 나 홀로 이렇게 살아남았소. 맹세를 지키지 못한 것도 부끄러운 일이거늘, 그 원수조차 갚지 않는다면 사람의 도리를 다했다고 할 수 없을 것이오. 이제 새로이 군사를 모아 관우의 원수를 갚고자 하니, 그대들은 짐의 뜻을 따르시오."

그러나 조자룡이 앞으로 나서며 말했다.
"폐하, 그것은 안 됩니다. 천하는 무겁고, 사사로운 일은 가벼운 것입니다. 우선 조비가 다스리는 위나라를 쳐서 한나라의 원수를 갚으십시오. 그렇게 되면, 오나라쯤은 저절로 멸망해 버릴 것입니다."

공명을 비롯한 여러 신하들이 조자룡의 말에 찬성했다. 공명이 유비에게 말했다.

"폐하, 조자룡의 말이 옳습니다. 오나라를 먼저 공격할 때가 아닙니다. 촉나라를 세운 지 한 달도 되지 않았습니다. 먼저 나라의 기틀을 굳건히 한 다음에 오나라를 쳐도 늦지 않을 것입니다."

그러나 공명의 말도 유비의 마음을 돌리지는 못했다. 유비는 파군 태수 장비의 의견을 듣기 위해 그를 불렀다.

이 무렵, 장비는 관우를 잃은 슬픔을 이기지 못해, 밤낮을 가리지 않고 술을 마시며 슬퍼하고 있었다. 성미가 급한 장비는 하루빨리 오나라를 쳐서 관우의 원수를 갚아 주고 싶은 마음뿐이었다.

"장비, 짐은 관우의 원수를 갚기 위해 군사를 움직이고 싶네. 그러나 다른 신하들이 모두 반대하는데, 자네의 뜻은 어떠한가?"

"폐하, 우리의 맹세를 잊지 마십시오. 하루바삐 관우 형님의 원수를 갚읍시다. 다른 신하들이 모두 반대한다면 형님과 나, 단둘이서라도 관우 형님의 원수를 갚읍시다."

장비의 결의에 찬 말을 들은 유비는 기쁘기 그지없었다. 장비의 말에 힘을 얻은 유비는 신하들의 말을 받아들이지 않고, 오나라 정벌 계획을 결정했다.

장비를 정벌군의 총대장으로 삼고, 황권을 수군 도독, 황중을 선봉, 마량과 진진을 참군으로 삼았다. 그리고 승상 공명은 성도에 남아 태자 유선을 도와 정사를 돌보도록 했다. 출진을 강하게 반대했던 조자룡도 병량을 돌보는 후방 부대에 남도록 했다.

공명과 다른 신하들이 다시 한 번 반대했지만, 유비는 들으려고 하지 않았다.

이번 싸움을 가장 반기는 사람은 장비였다. 장비는 파군에 돌아가 당장 오나라와 싸움이 벌어진 것처럼 군사들을 다그쳤다.

"자, 관우 장군의 원수를 갚기 위해 오나라를 공격한다! 그러니 관우 형님을 애도하는 뜻에서 모든 군사들은 흰 깃발을 들고, 흰 전포에 흰 갑옷을 입도록 하라. 이 모든 일은 사흘 안에 끝내도록 한다."

장비는 부하 장수인 범강과 장달에게 이 명령을 내렸다. 그러나 두 장군은 난색을 표하며 말했다.

"장군님, 사흘은 너무 촉박합니다. 이 모든 일을 다 끝내려면 적어도 열흘은 걸릴 것입니다."

그러나 성미가 급한 장비는 버럭 화를 내며 말했다.

"출전이 코앞인데 열흘이라니? 당장 명령대로 따르도록 해라!"

성난 호랑이처럼 으르렁대는 장비 앞에서 두 장수는 더 이상 아무 말도 할 수 없었다.

그러나 사흘이 되어도 일은 절반밖에 준비되지 않았다. 이것을 본 장비는 불같이 화를 내며 명령했다.

"저 두 녀석을 당장 끌어내라! 태형을 내리겠다. 두 사람을 묶고 40 대씩 쳐라!"

끌려나간 두 장수는 큰 나무에 묶인 채 온몸이 피범벅이 되도록 매를 맞았다.

"내일까지 모두 만들도록 해라. 그렇지 못하면 이번에는 네녀석들의 목을 베겠다."

장비의 처사에 두 장수는 크게 분개했다. 장수된 자가 군졸들이 보는 앞에서 매를 맞았으니, 아픔보다 수치심과 분함이 더 컸던 것이다.

그날 밤, 두 장수는 술에 취해 자고 있는 장비의 방으로 숨어들어갔다. 그리고 코를 골며 깊이 잠들어 있는 장비의 목을 쳐 버렸다. 그들은 장비의 목을 싸들고, 어둠 속을 달려 배를 타고 오나라로 달아났다.

용맹스런 호걸로 이름을 드높였던 장비의 최후는 이렇게 비참하고 어이없이 끝이 났다. 그 때 그의 나이 55세였다.

75만 대군을 이끌고 성도를 떠난 지 이틀째 되는 날 밤에 유비는 장비의 소식을 들었다. 유비는 이 뜻밖의 소식에 땅을 치며 울었다.

"아, 이게 무슨 마른 하늘에 날벼락 같은 일이란 말이냐? 하느님도 무심하시지. 관우를 나에게서 데려가시더니, 이번에는 장비를 데려가셨구나. 아아, 하늘이 원망스럽다!"

유비는 머리를 땅에다 부딪치며 슬퍼하였다.

"오나라 때문에 두 아우가 죽은 것이나 마찬가지다. 내 이 원수를 반드시 갚으리라! 결코 옛날의 맹세를 저버리지 않겠다."

유비는 다시 각오를 새롭게 하여 군사들을 이끌었다. 이 때 하얀 전포를 입은 젊은 장수가 한 무리의 군사들과 함께 달려왔다.

유비를 보자 말에서 뛰어내려 절을 한 뒤, 울먹이며 말했다.

"폐하, 장비의 아들 장포이옵니다. 폐하와 함께 오나라를 쳐서 아비의 원수를 갚을 수 있도록 해 주십시오."

이 말을 들은 유비는 눈물을 글썽거리며 말했다.

"네 아비를 많이 닮았구나. 군사들의 선봉에 서서 공을 세우도록 하라."

유비는 장포의 늠름한 모습이 믿음직스러웠다.

이 때 또 한 무리의 군사들이 달려왔다. 장포처럼 흰 전포를 입은 장수는 말에서 내려 유비에게 엎드려 절했다. 그는 관우의 아들 관흥이었다.

"폐하께서 큰일을 치르신다는 말을 들었습니다. 저도 함께 나아가 싸울 수 있도록 해 주십시오."

유비는 또다시 눈물을 흘렸다. 유비는 애통함과 분한 마음을 삭이며 앞으로 나아갔다.

드디어 유비의 대군은 오나라의 국경에 당도했다. 그 때 관흥이 수레 옆으로 다가와 무릎을 꿇으며 말했다.

"폐하, 이제 곧 싸움이 시작될 것으로 아옵니다. 아비의 원수를 갚는 일을 어찌 다른 사람의 손에 맡기겠습니다. 그러니 제가 선봉에 설 수 있도록 해 주십시오."

그러자 장포가 관흥을 노려보며 말했다.

"폐하께서는 이미 나에게 선봉을 맡기셨다. 그런데 네가 어째서 나서려고 하느냐?"

"너 같은 애송이 녀석이 뭘 믿고 선봉에 서겠다는 것이냐?"

서로 아버지의 원수를 갚겠다고 다투는 장포와 관흥을 지켜보던 유비가 나서며 말했다.

"그렇다면 너희 둘이 무술을 겨루어 보아라. 이긴 자가 선봉을 맡도록 하라."

장포는 먼저 군사를 시켜 3백 보 밖에 깃발을 세우도록 하고, 깃발에 붉은 점을 찍어 그것을 과녁으로 삼았다.

준비가 끝나자 장포는 세 발의 화살을 날렸다. 세 발 모두 명중이었다. 주위에 있던 군사들은 장포의 활솜씨에 감탄했다. 이번에는 관흥이 활을 메고 앞으로 나왔다. 한 떼의 기러기가 구름 사이로 날아가는 것을 보더니 이렇게 말했다.

"저기 세 번째로 날아가는 기러기를 쏘아 떨어뜨리겠습니다."

관흥은 활 시위를 당겨 화살을 날렸다. 정확히 세 번째 기러기가 땅에 떨어졌다. 사람들의 입에서는 탄성이 더 크게 터져 나왔다.

그러자 장포가, 장비가 생전에 쓰던 장팔사모를 들고 나오며 소리쳤다.

"좋다! 창으로 겨루어 보자."

이에 뒤질세라 관흥도 큰 칼을 치켜들며 싸울 태세를 했다. 이것을 본 유비는 두 사람을 꾸짖으며 두 장수를 가까이 불렀다. 그리고 화살을 꺾어 형제의 맹세를 하게 한 뒤, 나이가 많은 장포를 형으로, 나이가 어린 관흥은 아우로 삼도록 했다.

관우의 원수를 갚다

관흥과 장포가 함께 선봉에 서자 촉군의 사기는 하늘을 찌를 듯이 드높아서 산이라도 무너뜨릴 것 같았다.

거침없이 사천, 호북의 경계인 무협의 험준한 곳을 넘어 오의 대장 손항, 주연의 군사들을 손쉽게 물리쳤다. 그리고 장포, 관흥 두 장수가 힘을 합쳐 담웅, 최우 등 부장의 목을 베었다.

이 소식을 들은 손권은 급히 낙양의 조비에게 사신을 보내 거짓 항복을 하고 뇌물을 바쳤다. 그리고 구원병을 요청했다. 그러나 이런 어리석은 속임수에 넘어갈 조비가 아니었다. 조비는 어려운 일이 있을 때 서로 도울 것을 약속하고, 손권을 오나라의 왕으로 봉한다는 황제의 조서를 내렸을 뿐, 구원병은 보내지 않았다.

'오와 촉이 싸운다면 그 어느 쪽이 이긴다 해도 우리에게는 이득이야. 두 나라 모두 싸우느라 힘이 빠져 있을 때, 군사를 일으켜 두 나라를 손쉽게 쳐 버리는 거지.'

조비는 속으로 이렇게 생각했다.

촉의 군사들이 국경 근처에까지 이르자, 손권은 한당을 대장으로 삼고, 주태를 부장으로 삼았다. 그리고 선봉에는 번장, 후진에는 능통을 세우고 10만 대군을 주어 촉군을 막도록 하였다.

손권은 곧 장수들에게 출동 명령을 내렸다. 이 때 유비에게, 한당과 주태가 거느린 10만 대군이 오고 있다는 소식이 전해졌다. 또한 촉의 선봉장이었던 황충이 10여 명의 군사만을 거느리고 오나라에 항복하기 위해 달아났다는 보고가 들어왔다.

그러나 유비는 고개를 저으며 말했다.

"황충은 의를 저버리는 장수가 아니야. 나름대로 생각하는 바가 있어 그런 행동을 한 게 분명해."

유비의 짐작이 옳았다. 올해 나이 75세인 노장 황충은 젊은 장수들이 곳곳에서 기세를 올리자, 뚜렷한 공을 세우지 못한 자기 자신을 안타깝게 생각하고 있었다. 그래서 다른 군사들이 말리는 소리도 듣지 않고, 말을 급히 몰아 적진 속으로 뛰어들었다. 황충은 오의 장수 사적을 한 칼에 베어 버렸다. 그리고 오의 선봉 대장 번장을 만나자 큰 소리로 외쳤다.

"관우 장군의 원수를 갚겠다! 달아나지 말고 내 칼을 받아라!"

번장도 이에 질세라 관우에게서 빼앗은 청룡도를 휘두르며 황충에게 맞섰다. 그러나 황충을 이길 수 없다는 것을 깨닫고, 곧바로 말머리를 돌려 달아나기 시작했다. 황충은 말을 몰아 번장의 뒤를 쫓아갔다.

황충이 거의 30리 가량 뒤쫓아갔을 때, 갑자기 사방에서 함성이 터져 나오며, 근처에 숨어 있던 오나라 군사들이 벌떼처럼 일어났다.

순식간에 황충의 오른쪽에는 주태, 왼쪽에는 한당, 뒤에는 능통이 달려들고, 달아나던 번장까지도 돌아섰다.

오나라의 장수들에게 둘러싸인 황충은, 용맹한 장수답게 당황하지 않고 고함을 쳤다.

"자, 오나라 놈들아! 무엇을 하고 있느냐! 어서 내 칼을 받아라! 자, 어서 덤벼라!"

죽기를 각오하고 싸우는 황충인지라 싸움은 쉽게 끝나지 않았다. 황충이 막 말머리를 돌리려고 할 때, 화살 하나가 황충의 어깨에 꽂혔다. 황충은 곧바로 말 위에서 떨어졌다.

그 때 장포와 관흥이 나는 듯이 달려왔다. 노장을 포위한 적병을 본 장포와 관흥은 마구 칼을 휘둘러 적을 물리치고, 황충을 구해 내어 촉군의 진영으로 돌아왔다.

황충의 상처는 너무 깊어 쉽게 나을 것 같지 않았다. 유비는 황충의 처소로 찾아가 그의 등을 쓰다듬으며 말했다.

"장군의 부상은 모두 내 탓이오."

황충은 감격에 겨워 눈물을 글썽이며 힘겹게 말했다.

"소신은 하찮은 무사에 불과합니다. 폐하를 만나 섬기며 싸움터에서 공을 세울 수 있었던 것만으로도 영광입니다. 게다가 저의 나이는 올

해 일흔다섯입니다. 그러니 무엇을 더 바라고 목숨을 아끼겠습니까.
부디 폐하께서는 옥체를 보존하시어 천하를 평정하소서!"

말을 마친 황충은 곧 숨을 거두고 말았다. 관우와 장비를 잃고, 노장
황충마저 잃게 된 유비의 슬픔은 극에 달했다.

유비는 이번 싸움을 재차 말리는 마량의 간청도 듣지 않고, 다시 군
사를 이끌고 몸소 진두에 서서 효정으로 나아갔다. 유비는 한당, 주태의
군사와 싸워 크게 격파시켰다. 장포와 관흥도 하순, 주평 두 장수의 목
을 베어 버렸다.

어느 날, 관흥은 마침내 아버지의 원수인 번장과 마주치게 되었다.

'드디어 아버지의 원수를 갚을 날이 왔구나!'

싸움에서 패하고 돌아가는 번장의 뒤를 관흥은 온 힘을 다해 쫓아갔
다. 그러나 어지러운 속에서 관흥은 번장을 놓치고 말았다. 어느덧 날이

저물었다. 관흥은 어쩔 수 없이 산기슭에 있는 촌가에서 하루를 묵게 되었다.

그런데 그 날, 밤이 깊은 시각에 누군가가 밖에서 문을 두드렸다.

"누구시오?"

주인 노인이 밖으로 나가며 말했다.

"나는 오나라의 장수 번장이다. 길을 잘못 들어 그러니 하룻밤만 재워 주시오."

방 안에서 숨을 죽인 채 귀를 세우고 있던 관흥은, 이 말이 끝나자마자 나는 듯이 달려나가며 소리쳤다.

"내 아버지의 원수, 번장아! 내 칼을 받아라!"

관흥은 한칼에 번장의 목을 베어 버렸다.

다음 날, 관흥은 아버지가 쓰던 청룡 언월도를 빼앗아 들고 본진으로 돌아왔다. 이것을 본 유비는 크게 웃으며 말했다.

"아버지의 원수를 아들이 갚았으니, 이보다 더 기쁜 일이 어디 있으랴!"

유비는 관흥을 위한 잔치를 크게 베풀어 군사들과 함께 승리를 축하했다. 이처럼 촉군의 연전연승에 겁을 집어먹은 것은 공안, 강릉 두 성을 내어 주고 오에 항복한 미방과 부사 두 장수였다.

"어떻게 하면 좋겠는가?"

"그러게 말일세. 무슨 좋은 수가 없을까?"

미방과 부사는 서로 머리를 맞대고 의논하던 끝에, 관우를 사로잡는 데 공이 컸던 마충의 머리를 베어 들고 유비에게 가서 항복했다.

이것을 본 유비는 크게 노하여 소리쳤다.

"의리 없는 놈들! 저런 녀석들은 마땅히 벌을 내려야 한다. 관흥, 저 두 녀석의 목을 베어 아버지의 넋을 위로해 드려라!"

명령을 받은 관흥은 곧 두 사람의 목을 단칼에 베어 버렸다.

번장, 감녕 두 장수마저 잃은 오나라에서는 회의가 열렸다. 한 신하가 손권 앞으로 나서며 말했다.

"우리 나라는 촉나라와 평화로운 관계를 유지해 왔습니다. 그런데 우리가 조조의 꾐에 빠져 형주를 빼앗고 관우를 죽였기 때문에, 촉나라의 공격을 받은 것입니다. 싸움을 계속한다면 오나라는 쑥대밭이 되어 버리고 말 것입니다. 그러니 관우를 죽인 군사들의 목을 베고, 장비를 죽인 범강과 장달을 붙잡아 유비에게 보냅시다. 그리고 형주를 돌려준다면 유비도 군사들을 이끌고 돌아갈 것입니다."

이 말을 들은 손권은 곧 신하들의 말에 따라 범강과 장달을 밧줄로 묶어 유비에게 보내어 화목을 청하였다.

며칠 뒤, 유비는 오나라 사신을 만났다. 사신은 두 배신자를 함께 데리고 왔다. 유비는 두 사람을 노려보다가 곧 장포에게 명령했다.

"장포, 너에게 저 두 놈을 맡기마. 저것들의 목을 베어 아버지의 넋을 위로해 드려라."

명령이 떨어지기가 무섭게, 장포는 두 사람을 끌어내어 목을 베었다.

오가 형주를 되돌려 준다는 말을 들은 마량은 유비에게 말했다.

"오가 장비의 목을 되돌려 보내고, 형주도 다시 준다고 하니, 싸움을 끝내고 오나라와 화친을 맺는 것이 좋을 듯합니다."

그러나 유비는 마량의 말을 듣지 않았다.

"당치 않은 소리! 원수의 나라와 화친을 맺는다는 것은 있을 수 없는 일이다. 오가 완전히 망하는 것을 보기 전에는 결코 눈을 감을 수 없다."

뒤이어 유비는 오나라의 사신을 보며 말했다.

"돌아가라. 그리고 내가 방금 한 말을 손권에게 전해라."

화친을 하려던 계획이 수포로 돌아가자, 손권도 이제는 싸울 수밖에 없었다. 먼저 육손을 대도독으로 임명하고, 촉군과 맞서 싸우게 했다. 육손은 여몽과 함께 관우를 쳤던 용맹스런 장수이자, 뛰어난 전략가였다.

육손은 10만 군사를 이끌고 나아가 촉의 군사를 맞았다. 지략이 뛰어난 육손은 촉나라와의 정면 대결을 피하고 지연 작전을 폈다.

오군을 휘몰아 촉군과 싸우다가도, 패하는 척하고 후퇴하여 달아나 버렸다. 그리고 좀처럼 싸우려 하지도 않았다. 육손의 전술에 촉군은 차츰 지치고 피로해지기 시작했다.

그렇게 몇 개월이 흘러, 어느덧 6월이 되었다. 찌는 듯한 더위가 계속되자 병자들이 생기기 시작했다. 하는 수 없이 유비는 싸움을 늦추기로 했다. 가을이 될 때까지 기다릴 계획을 세운 유비는, 먼저 7백 리에 걸친 40여 개소의 대군을 그늘진 산 쪽으로 옮기기 시작했다.

전세가 불리해지는 것을 느낀 마량은 유비에게 간하였다.

"폐하, 70만 대군을 한 곳으로 모은다는 것은 너무 위험한 계획입니다. 적군이 이것을 알면 무슨 계략을 써서 아군을 전멸시킬지도 모를 일입니다."

그러나 유비는 태연히 말했다.

"짐도 군사들을 이끌고 여러 싸움터를 전전했네. 그러니 너무 염려하지 말게나."

"그러나 폐하, 만약을 대비하셔야 합니다. 지금 한중에 공명 선생께서 머물고 계시니, 제가 그 곳으로 가서 의논하고 오겠습니다."

마량은 군사들이 머물 곳의 산세와 지형을 자세히 그린 지도를 들고 공명에게 달려갔다. 탁자 위에 지도를 펴 놓고 보던 공명은 악! 소리를 지르며 말했다.

"누가 이런 곳에다 진을 옮겼는가? 적이 불로 공격해 오면 어떻게 할 작정인가? 이런 전법을 쓴 장수를 잡아 당장 목을 베도록 해라. 적이 보낸 첩자임이 틀림없을 것이다."

이 말에 마량은 깜짝 놀라며, 황제가 내린 명령이라고 말했다. 이 말을 들은 공명이 길게 탄식하며 말했다.

"아, 촉의 운명이 다하려는 모양이구나. 빨리 돌아가 다시 진을 치도록 하시오. 만약 때가 늦었거든 황제를 백제성으로 모시도록 하시오. 내가 촉나라로 들어올 때 어복포에 10만 명의 군사를 배치해 두었으니, 적도 황제를 잡기 위해 더 이상 추격해 오지는 못할 거요. 나는 당장 성도로 들어가 구원병을 모집하겠소."

공명의 말이 끝나자, 마량은 밤낮을 쉬지 않고 효정으로 말을 몰았다. 공명도 한중을 떠나 곧바로 성도로 돌아갔다.

한편, 유비가 숲 쪽으로 진을 옮긴 사실을 알고, 육손이는 손뼉을 치며 기뻐했다.

"드디어 하늘이 촉나라의 운명을 거두어 가시는구나. 공명이 유비와 함께 있지 않다는 것도 하늘이 우리를 도우신 것이다."

육손은 곧 군사들에게 마른 잎사귀와 연초, 유황 등을 준비하도록 지시했다. 그리고 촉의 진지 깊숙이 침투하여 불을 지르도록 명령했다. 이윽고 밤이 되자, 육손은 전 군사들을 동원하여 촉나라 진지 10여 곳에 불을 질렀다.

삽시간에 불길이 하늘 높이 치솟았다. 오랜 가뭄 탓에 나무와 풀들은 탁탁 소리를 내며 잘도 탔다. 순식간에 촉군의 진지는 불길에 휩싸였다.

"불이다! 불이다!"

"앗, 뜨거워! 어서 피해라!"

"물을 가져 와! 물!"

촉군이 막 불을 끄려는 찰나, 천지가 진동하는 듯한 북소리와 징소리가 들리며 오나라 군사들이 물밀듯이 휩쓸고 들어왔다. 촉군의 진지는 아우성으로 가득찼다.

유비는 장포와 관흥의 호위를 받으며 간신히 마안산 꼭대기로 피했다. 마안산에서 내려다보니 수백 리에 걸친 촉나라 군사의 진지는 이미 불바다가 되어 있었다.

오나라 군사들은 육손을 선두로 하여 앞을 다투어 밀려들었다. 유비가 마안산에 있다는 것을 안 촉나라 군사들은, 마안산을 향해 화살을 비오듯 쏘아 댔다. 유비를 호위하던 수백 명의 군사들이 그 자리에 쓰러져 숨을 거두었다.

"아아, 이 곳에서 나의 생을 마치게 되는구나!"

유비는 땅이 꺼지도록 탄식하며 말했다.

유비의 죽음

촉나라 군사들이 전멸되려는 찰나, 뒤쫓고 있던 오나라 군사들이 무너지기 시작했다. 다름 아닌 조자룡의 군사들이 구원을 온 것이다.

이것을 본 유비는 기쁨의 함성을 질렀다.

"조자룡! 자네가 왔구나! 이제 우리는 살았다!"

조자룡은 사방 팔방으로 내달리며 닥치는 대로 적군을 내리쳤다. 조자룡의 용맹함을 익히 들어 알고 있던 육손은, 작전상 군사들을 후퇴시켰다. 이 틈을 타서 유비는 단숨에 백제성으로 달아날 수 있었다.

촉나라 군사는 돌이킬 수 없는 대패를 하고 말았다. 7백 리 길에 이르는 진중은 모조리 다 타 버리고, 양자강이 막힐 정도로 촉나라 군사들의 시체가 쌓여 있었다. 75만의 촉나라 대군은 전멸당하고 말았다.

육손은 이 기회에 유비를 사로잡기로 하고, 군사를 몰아 유비를 추격했다. 사천성 경계에 있는 어복포에 이르자, 멀리 보이는 곳에서 살기가 느껴졌다.

"저 곳에 분명히 복병이 있다. 이 곳에서 잠시 군사들을 쉬게 하고 정찰병을 보내어 살피도록 하라."

정찰병이 곧 돌아와 보고했다.

"어디를 둘러보아도 개미 그림자 하나 얼씬거리지 않았습니다."

"이상한 일이야. 그럴 리가 없을 텐데……."

의심이 생긴 육손은 몇 명의 군사를 이끌고 자신이 직접 가 보았다. 정찰병의 말대로 고요한 정적만이 감돌았다. 양자강 가까이에 있는 산기슭 모래 사장에는 작은 돌로 만든 진지가 쳐져 있을 뿐이었다.

이것을 본 육손은 부하에게 마을 사람 하나를 불러오도록 하여 물어보았다.

"이 곳은 어복포라는 곳입니다. 지난해 제갈 공명이라는 사람이 촉나라로 들어갈 때 이렇게 만들어 놓았습니다. 저기에 한번 발을 들여놓으면 아무도 빠져 나올 수 없다고 해서, 아무도 가까이 하지 않습니다."

이 말을 들은 육손은 코웃음을 쳤다. 그리고 몇 명의 군사를 이끌고 안으로 들어가 보았다.

그러자 돌로 된 진지가 여러 가지 모양으로 바뀌더니, 갑자기 강한 바람이 불고, 모래와 돌이 날렸다. 깜짝 놀란 육손은 다시 돌아나오려고 했지만, 출구가 보이지 않았다. 게다가 하늘은 캄캄해지고, 땅이 보이지 않아 어디가 어디인지 가늠할 수도 없었다. 육손은 어쩔 줄 몰라 허우적거렸다.

그 때 어디선가 한 노인이 나타나 육손을 밖으로 이끌어 냈다.

"노인장은 누구시오?"

"나는 공명의 장인인 황승언이라는 사람이오. 이것은 공명이 촉나라로 들어가면서 만든 팔진도라는 것으로, 매일 매시 끊임없이 변합니다. 그 변화무쌍함은 10만 군사를 매복시킨 것이나 다름없지요. 공명은 내게 훗날 오나라 장수가 이 곳에서 죽음을 맞이할 거라고 했지만, 장군이 불쌍해서 구해 주는 것이오."

말을 마친 노인은 홀연히 사라져 버렸다.

"역시 공명은 듣던 바대로 와룡이다. 나 같은 범인은 도저히 당해 낼 수 없다."

노인 덕택에 목숨을 건진 육손은 부대로 돌아오자 군사들을 거두어 돌아가 버렸다. 공명이 마량에게 말한 어복포의 10만 복병은 바로 이 팔진도를 두고 한 말이었다.

한편, 마량이 공명을 만나고 나서 유비가 있는 곳으로 돌아왔을 때는 이미 싸움이 끝난 뒤였다. 유비의 군사들이 크게 패한 것을 알게 된 마량은 다시 백제성으로 말을 몰았다. 백제성에 도착하자마자 마량은 곧장 유비 앞으로 나아가 공명의 말을 전했다.

"아, 좀더 빨리 공명의 의견을 따랐더라면……. 그러나 지금 와서 무슨 소용이 있단 말인가. 이 꼴로 어떻게 다시 성도로 돌아가 백성들을 대한단 말이냐."

유비는 후회의 눈물을 흘리며 한탄했다.

유비는 백제성을 영안궁이라 이름하였다. 그리고 두 번 다시 성도로 돌아가지 않았다. 또한 무모한 싸움 때문에 목숨을 잃은 장수들을 생각하며 밤낮으로 슬퍼하였다. 유비는 마침내 병이 들어 자리에 눕고 말았다.

다음 해 장무 3년 4월, 유비의 병은 날로 깊어져 눈마저 잘 보이지 않게 되었다.

"공명 선생을 불러 와라, 공명 선생을……."

유비는 성도에 있는 공명을 불러 오도록 했다. 다른 신하들을 모두 방에서 내보내고 공명과 단둘이 남게 된 유비가 입을 열어 말했다.

"짐은 승상을 얻어 큰일을 이룩하였소."

"폐하!"

유비와 공명은 지난 세월을 생각하며 뜨거운 눈물을 흘렸다.

"오늘날 짐이 있게 된 것은 오로지 승상의 공이오. 승상의 지략은 손권의 10배에 이르고, 조비 따위와는 견줄 수도 없소. 만약 승상이 보기에 태자 유선이 큰일을 해 낼 인물이라 생각되거든 그를 도와주시오."

유비는 숨이 찬 듯 잠시 말을 멈추었다. 그리고 다시 말했다.

"하지만 유선이 그만한 자격이 없다고 판단되면, 승상이 촉나라의 왕이 되어 천하 통일의 대업을 이루어 주시오."

유비의 말에 공명은 머리를 조아리며 말했다.

"폐하, 그게 무슨 말씀이십니까? 신 공명은 죽기를 다해 태자를 도울 것입니다."

공명은 머리를 땅에다 찧고 피를 흘리며 맹세했다.

유비는 두 아들 유영과 유선에게 공명을 아버지로 모실 것을 맹세하게 했다. 그리고 다시 조자룡을 불렀다.

"조자룡, 나를 받드는 것같이 태자 유선을 보살펴 주시오."

말을 마친 유비는 잠자는 것처럼 눈을 감았다. 그의 나이 63세 때였다. 공명과 신하들은 유비의 시신을 성도로 옮겨 성대한 장례식을 거행하였다.

그리고 유비의 뜻을 받들어 태자 유선을 황제의 자리에 오르게 하고, 연호를 건흥이라 하였다. 이 때 유선의 나이는 겨우 17세였다.

천하를 통일한 진나라

아직 정치를 돌볼 수 없는 어린 유선은 나라 안팎의 모든 일을 공명에게 맡겼다. 그러나 공명 곁에는 정치를 도울 만한 신하가 별로 없었다.

뛰어난 지장 법정도 이미 세상을 떠났고, 무장 황충도 싸움터에서 목숨을 잃었다. 게다가 효정에서 대패한 다음 촉나라의 힘이 쇠퇴한 틈을 타서 위나라와 오나라가 서로 동맹을 맺어 촉을 침범해 오기도 했다. 국내에서는 유선을 몰아내려는 모반의 무리들이 생겨났다. 촉나라는 점점 쇠락해 갔다.

유비의 마지막 부탁을 받은 공명의 짐은 참으로 무겁기만 했다. 그러나 마침내 건흥 12년 8월, 공명은 54세의 나이로 숨을 거두고 말았다. 황제 유선은 공명의 영구 앞에서 땅을 치며 통곡했다. 공명이 죽었다는 소식을 전해 들은 백성들도 공명의 죽음을 애도하며 울음을 터뜨렸다.

그 해 10월, 황제 유선은 몸소 공명의 영구를 정군산에 장사지내고, 충무후라는 시호를 내렸다. 그리고 면양에 사당을 지어 일 년에 네 번 제사를 올리도록 하였다.

공명이 죽고 나자 촉나라의 국력은 더욱 약해지기만 했다. 위, 촉, 오 세 나라는 서로 힘의 균형을 이룬 채 한동안 군사를 움직이지 않았다.

조비의 뒤를 이어 황제가 된 위나라의 조예는 평화로운 틈을 타 사치와 향락을 일삼기 시작했다. 이를 말리기 위해 충신들이 황제에게 충고를 하면, 조예는 가차없이 충신의 목을 베어 버렸다.

그러던 조예는 어느 날부터인가 시름시름 앓기 시작하더니, 31세의 젊은 나이에 세상을 떠나고 말았다.

조예의 뒤를 이어 새 황제가 된 조방은 겨우 여덟 살의 어린 소년이었다. 어린 조방이 제위에 오르자, 대장군 조상이 모든 권력을 한손에 쥐고 흔들었다. 그러나 사마의는 두 아들 사마사, 사마소와 함께 조방의 세력을 물리치고, 자신이 승상의 자리에 올라 권세를 누렸다.

한편, 오나라의 손권이 71세의 나이로 죽고, 그의 아들 손량이 황제에 올랐다. 그러나 오나라의 실권은 손침에게 넘어갔다. 손침의 권세를 두려워한 황제 손량이 그를 없애려다가 도리어 황제 자리에서 내쫓기고 말았다.

촉나라의 상황도 위, 오 두 나라와 다를 바 없었다. 충신 장완과 비위가 세상을 떠나자, 간사한 환관 황호는 유선에게 거짓말을 하고, 아부를 하며 권세를 누렸다. 유선은 황호의 꾐에 빠져 술과 여자로 세월을 보내고 있었다.

신하들은 황호의 눈치를 보며 황제에게 아첨하기에 바빴다. 이렇게 되자, 백성들은 헐벗고 굶주렸다.

이렇듯 세 나라의 황실은 기강이 해이해지고, 간신들이 득세하는 어지러운 형국이었다. 어느 한 나라도 황제의 권위가 제대로 세워진 곳이 없었다.

이러는 사이에 위국은 사마의의 아들 사마소가 모든 권력을 잡게 되었다. 사마의는 촉나라의 장수 강유가 적장 종회와 음평에서 싸우는 틈을 타, 대장 등애로 하여금 성도를 치도록 했다.

궁녀들과 술로 정신없이 세월을 보내고 있던 유선은, 위나라의 군사들이 쳐들어오자 깜짝 놀라 그 자리에서 항복해 버리고 말았다. 황제 유선이 위나라에 옥새를 바치던 날, 유선의 아들 유심은 3형제를 모두 자기 손으로 죽이고 스스로 목숨을 끊고 말았다.

이렇게 하여 세 나라 중 촉나라가 제일 먼저 멸망하고 말았다. 유비가 촉나라를 창건한 지 43년 만의 일이었다.

그 다음 해에 사마소의 아들 사마염이 위나라 황제 조환을 위협하여 황제의 자리를 빼앗고, 나라 이름을 진이라 칭했다.

진나라가 세워지고 15년이 흐른 뒤, 오나라는 손권으로부터 4대째 황제인 손호인을 마지막으로 52년 만에 멸망하였다.

이렇게 하여 천하를 호령하던 촉나라, 위나라, 오나라는 모두 멸망하고 말았다.

서로 세력을 다투며 중원을 누비던 천하는 진의 사마염에 의해 하나로 통일되었다.

작품 알아보기
(장편문학)

〈**삼국지**〉의 본래 이름은 〈삼국지연의〉인데, 우리 나라에서는 보통 〈삼국지〉라 줄여 부르고 있다.

나관중이 살았던 중국 원나라 말에서 명나라 초에 걸친 시대와 〈삼국지〉의 배경인 후한 말의 삼국 시대는 공통점이 있다. 두 시기 모두 왕조의 부패로 인해 백성들이 고통을 당하여 난을 일으키고, 많은 영웅들이 자신들의 힘을 길러 세력을 다투던 혼란한 시기라는 것이다. 그리하여 〈삼국지〉는 단순한 영웅담이 아니라 당시의 사회상과 다양한 인간군상을 엿볼 수 있는 작품이다.

〈삼국지〉는 후한 말 위·촉·오 삼국의 분열과 정치 군사적 분쟁을 그렸으며, 삼국 통일을 완성한 데서 끝이 난다.

〈삼국지〉에서 묘사되는 전투 규모는 대단히 웅장하며, 인간의 온갖 지혜와 힘을 총동원한 치열한 공방전이 계속해서 되풀이된다. 거기에 문무를 겸비한 관운장, 호걸 장비, 어진 임금 유비와 불세출의 군사 전략가 제갈량, 권모술수에 능한 조조, 용감한 조자룡 등의 개성있는 인물들이 얘기를 더욱 재미있게 이끌며, 여기에 작자 자신의 체험과 민간에서 내려오는 이야기가 더해져 〈삼국지〉는 불후의 명작으로 탄

작품 알아보기
(장편문학)

생하게 되었다.

〈삼국지〉의 또 하나의 특징은 수많은 인물들이 등장하는 방
대한 구성에도 불구하고, 각각의 인물들의 묘사가 생동감이
있고 개성이 넘쳐 전혀 지루하지 않다는 점이다.

또한 이야기가 적당한 속도로 전개되어 독자의 흥미를 이끌
어 가는 수법이 매우 뛰어나 오랫동안 사랑을 받아왔다.

논술 길잡이
(장편문학)

❶ 유비, 관우, 장비가 복숭아나무 아래에서 의형제를 맺은 것을 '도원 결의'라고 한다. 이들이 도원 결의를 한 목적이 무엇인지 본문에서 찾아 써 보자.

....

....

....

....

....

❷ '삼고 초려'에 대해 설명하고, 유비가 그렇게 한 까닭을 적어 보자.

....

....

....

....

논술 길잡이
(장편문학)

❸ 다음은 삼국(촉 · 위 · 오)의 주요 인물들이다. 이들의 말과 행동을 통하여 각각의 성격을 파악하고, 그 근거를 찾아 써 보자.

등장 인물	성 격	근거(말이나 행동)
유 비		
제 갈 량		
조 조		
손 권		

논술 길잡이
(장편문학)

❹ 아래 그림은 제갈량이 '적벽대전'에 앞서, 남병산에 제단을 만들어 기도를 드리는 장면이다. 그가 무엇을 위해 기도드렸으며, 그로 인한 결과는 어떠했는지 써 보자.

....

....

....

....

....

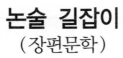

논술 길잡이
(장편문학)

❺ 유비가 치른 마지막 전투에서 오나라의 육손에게 참패한 원인을, 유비의 고집과 육손의 전술이라는 두 가지 면에서 논술하라.

....

....

....

....

❻ 촉·위·오의 삼국이 각각 멸망하게 된 원인과 그에 대해 느낀 점을 적어 보자.

....

....

....

....

....

논·술·세·계·대·표·문·학 〈전60권〉

펴 낸 이	정재상
펴 낸 곳	훈민출판사
주 소	경기도 고양시 덕양구 원당동 416번지
대 표 전 화	(031)962-3888
팩 스	(031)962-9998
출 판 등 록	제395-2003-000042호